HÉROES CRISTIANOS DE AYER Y DE HOY

UNA AGNÓSTICA QUE ABRAZÓ LA FE

La vida de
Isobel Kuhn

HÉROES CRISTIANOS DE AYER Y DE HOY

UNA AGNÓSTICA QUE ABRAZÓ LA FE

La vida de
Isobel Kuhn

JANET & GEOFF BENGE

EDITORIAL JUCUM

P.O. Box 1138 Tyler, TX 75710-1138

Editorial JUCUM forma parte de Juventud con una Misión, una organización de carácter internacional.

Si desea un catálogo gratuito de nuestros libros y otros productos, solicítelos por escrito o por teléfono a:

Editorial JUCUM
P.O. Box 1138, Tyler, TX 75710-1138 U.S.A.
Correo electrónico: info@editorialjucum.com
Teléfono: (903) 882-4725
www.editorialjucum.com

Versión española: Antonio Pérez

Publicado originalmente en inglés con el título de:
Isobel Kuhn: On the Roof of the World

PO Box 55787, Seattle, WA 98155

ISBN 978-1-64836-100-5

Impreso en los Estados Unidos

HÉROES CRISTIANOS DE AYER Y DE HOY

Biografías

Aventura fantástica
La vida de Gladys Aylward

Persecución en Holanda
La vida de Corrie ten Boom

Un aventurero ilustrado
La vida de William Carey

La intrépida rescatadora
La vida de Amy Carmichael

Odisea en Birmania
La vida de Adoniram Judson

Alma de Campeón
La vida de Eric Liddell

Padre de huérfanos
La vida de George Müller

Peligro en la selva
La vida de Nate Saint

Peripecia en China
La vida de Hudson Taylor

La audaz aventura
La vida de Mary Slessor

Portador de esperanza
La vida de Cameron Townsend

La tenacidad de una mujer
La vida de Ida Scudder

Emboscada en Ecuador
La vida de Jim Elliot

Desafío para valientes
La vida de Loren Cunningham

C.S. Lewis
Un genio de la narración

Valentía en el Nilo
La vida de Lillian Thrasher

Corazón Pionero
La vida de David Livingstone

La heroína voladora
La vida de Betty Greene

Victoria sobre la venganza
La vida de Jacob DeShazer

Dietrich Bonhoeffer
En medio de la maldad

Agente secreto de Dios,
La vida del hermano Andrés

Esperanza en los Andes
La vida de Klaus-Dieter John

Hazañas en el hielo
La vida de Wilfred Grenfel

Lottie Moon
Perseverancia y sacrificio

Defensora de los desamparados
La vida de Elizabeth Fry

John Wesley
El mundo era su parroquia

Somos una familia
La vida de Charles Mulli

Precursor incansable
La vida de Conde Zinzendorf

Jamás derrotado
La vida de William Booth

El amor que vence
La vida de Richard Wurmbrand

Una estrella en la jungla
La vida de Rachel Saint

Pasión por un pueblo abandonado
La vida de Samuel Zwemer

Nada le detuvo
La vida de Albert Schweitzer

Ni un paso atrás
La vida de C.T. Studd

La agnóstica que abrazó la fe
La vida de Isobel Kuhn

China

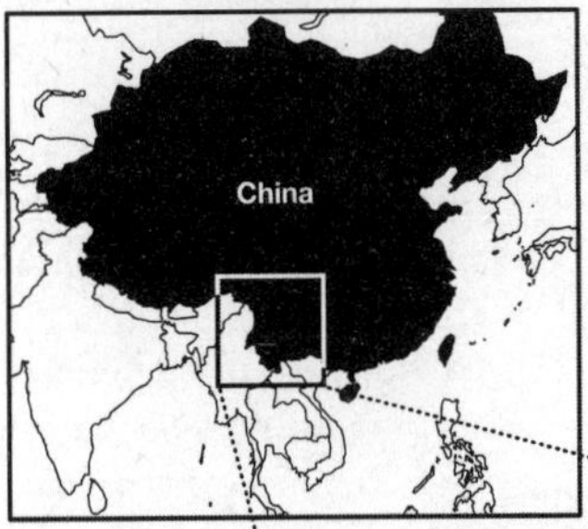

Provincia de Yunnan

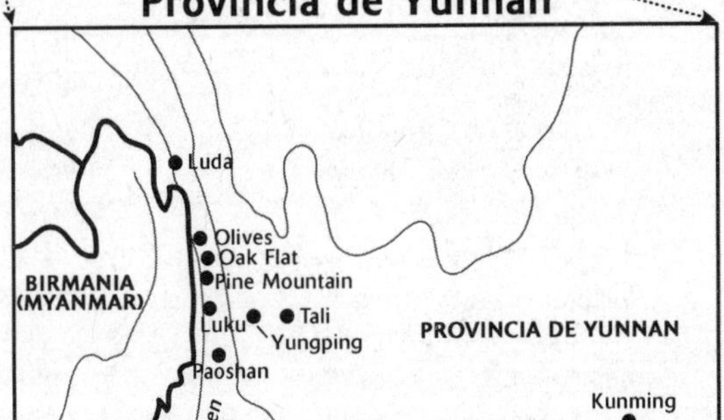

Índice

Capítulo 1

Sobre las montañas

Cuando llegaron a la cima de la cordillera, Isobel Kuhn, o Belle, como prefería que la llamaran, divisó muchos kilómetros a la redonda. La escena que se extendía ante ella le recordaba varios pliegues de terciopelo azul y marrón apretados hasta que se volvían paralelos. Cada cresta de montaña cubierta de pinos se elevaba casi en línea recta. Y por el valle, en el fondo de cada pliegue, fluía un río helado, procedente de las tierras altas del Tíbet. A veces, a Belle le parecía que podía tocar la cima de la siguiente cresta. También parecía casi posible tender un largo puente entre las cimas de las montañas, pero, por desgracia, no había ningún puente. La única forma de viajar era subir por una ladera y bajar por la otra, cruzar el río, y seguir en línea recta hasta la siguiente cresta montañosa. «Ojalá que hubiera un puente», suspiró Belle mientras se esforzaba por mantener el equilibrio sobre el lomo de su mula Jasper.

Llevaban ya ocho días de viaje, y durante la mayor parte del tiempo Belle se había sentido débil y enferma de disentería. Pero, por fin, habían llegado al valle del río Salween, y su destino, la aldea de Pine Mountain, estaba a solo dos crestas de montaña. Dos descensos más hacia el valle y dos ascensos más por la otra ladera. A juzgar por el aspecto de Belle, que oteaba[1] desde su punto de observación a través de las interminables montañas de la provincia occidental china de Yunnan, los senderos que subían y bajaban por entre esas dos crestas eran más empinados que todos los que habían hasta entonces recorrido.

Jasper, pateando firmemente, se abrió paso por la estrecha y empinada senda mientras Belle se aferraba a sus riendas y se sujetaba con las piernas. Intentó no mirar hacia abajo; era mejor así. En algunos lugares, el borde de la senda caía bruscamente centenares de metros hasta el valle. Un paso en falso de la mula y ambos caerían al vacío.

Pero Jasper conocía estas sendas y llevó a Belle con seguridad hasta el fondo del valle, por donde cruzaron el gélido y caudaloso río. Luego llegó el momento de volver a ascender. Pero como la senda que subía del río era demasiado empinada para ir montada, Belle se bajó de la mula y subió tras ella.

Respirando con dificultad, Belle llegó por fin a un afloramiento[2] rocoso a mitad de la ladera y se detuvo a descansar. Su corazón se aceleró cuando vio el río que estaba abajo y lo lejos que había llegado. Después de años de planificación y oración, Belle casi había llegado a su primer pueblo: Lisu.

Mientras descansaba sentada, Belle se maravillaba de cómo se habían desarrollado los acontecimientos

1 Otear: Registrar desde un lugar alto lo que está abajo.
2 Afloramiento: Lugar en que aflora una masa mineral.

en su vida. Recorrer las montañas de la provincia de Yunnan como misionera distaba mucho de la vida de una chica urbanita de la Columbia Británica, Canadá, sobre todo teniendo en cuenta que lo último que quería ser de mayor era misionera. Belle sonrió al recordar el momento en el que, con catorce años, se diera cuenta de que la vida de misionera no era para ella.

Capítulo 2

Una agnóstica

Corría 1915, e Isobel Miller, a sus catorce años, estaba en el muelle, con su larga melena castaña ondeando al viento. Era un típico día de verano en Vancouver, Columbia Británica, y se alegraba de llevar encima una chaqueta ligera. Estaba en el muelle para despedirse de dos misioneros, el Dr. Isaac Page y Sra., que se disponían a cruzar el vasto Océano Pacífico para continuar su trabajo en China.

Los Page no eran los únicos misioneros de quienes Isobel se había despedido en los tres años que había vivido en la costa oeste de Canadá. Su padre, Samuel Miller, era predicador laico, y su madre, Alice, presidenta de la Sociedad misionera femenina de la Iglesia Presbiteriana de Canadá. Por ello, a menudo, en la casa de los Miller, se solían albergar misioneros, tanto si venían del campo de misión como si se dirigían a él.

Antes le había parecido emocionante y dramático escuchar las historias que contaban los misioneros, así como tocar las cestas tejidas y los pañuelos que regalaban a su madre en señal de agradecimiento. Pero ahora Belle lo encontraba todo un poco pesado. Se preguntaba qué era lo que realmente motivaba a esa gente a renunciar a su hogar y a muchas otras cosas para aventurarse a cruzar el mundo hacia una vida llena de penurias, peligros, privaciones y, a veces, incluso la muerte.

Finalmente, el ronco gemido de la bocina del barco, la señal para que los demás pasajeros subieran a bordo antes de zarpar, interrumpió los pensamientos de Belle. Entonces sintió la mano del Dr. Page sobre su hombro.

—Isobel —le dijo, mirándola con ojos de lince, voy a pedir a Dios que te envíe a China como misionera.

El corazón de Belle se desplomó pero intentó ocultar su sorpresa. ¡Qué cosa mala! No tengo intención de ir a ninguna parte como misionera, quiso responder, pero se guardó sus pensamientos. A Belle le resultaba más fácil así. Su familia le parecía demasiado religiosa. Su abuelo Miller, que antes fuera ministro presbiteriano, había abierto un hogar para viudas y huérfanos de marineros en Inglaterra antes de emigrar con su joven familia al este de Canadá. Sus padres siempre estaban ocupados en la Iglesia Presbiteriana o con algún otro grupo de bienhechores. Hasta hacía poco, tanto Belle como su hermano mayor, Murray, acompañaban a sus padres a la sala de la misión de rescate en los barrios bajos de Vancouver, donde su padre predicaba a los inquilinos y su madre tocaba el piano mientras Belle y Murray cantaban canciones evangélicas.

Las campañas familiares habían cesado por cuanto Murray, tres años mayor que Belle, se preparaba para embarcarse con la Fuerza Expedicionaria

Canadiense para luchar junto a los soldados británicos y franceses contra los alemanes en la Gran Guerra de Europa. Alice Miller había centrado su atención en hacer de Belle una joven «socialmente apta». A Belle le sorprendió que su madre la apuntara a clases de oratoria y de baile, pero no se quejó. Era mucho más divertido que cantar canciones góspel en la misión de rescate y, por alguna razón, su madre pensó que significaría el siguiente paso para Belle.

Esa misma noche, en casa, Belle intentó orar. Estaba acostumbrada a hacerlo la mayoría de las noches antes de acostarse, pero esta noche no se le ocurrió ninguna oración. Pensó en el Dr. y la Sra. Page a bordo del barco. Probablemente los dos estarían muy mareados y se preguntó por qué se esforzaban tanto en ir al extranjero como misioneros. ¿Qué diferencia había realmente en que un grupo de campesinos chinos de alguna aldea cuyo nombre fuera impronunciable oyera hablar de Jesús? Esta fue una pregunta en la que Belle no pensó mucho. Su vida estaba demasiado ocupada con otras cosas. Su hermano Murray partió finalmente a luchar en el frente de batalla en Francia.

Belle notó que a su madre casi se le partió el corazón al despedirse de Murray. Después de la partida de su hijo, su padre le contó a Belle algo que ésta no sabía. Antes del casamiento de sus padres, la madre de Belle había sido una estudiante prometedora en el conservatorio de música de Toronto. También era muy sensible. En el plazo de un año, el negocio de su padre se hundió y éste murió repentinamente. Después se produjo otra tragedia: su hermano Fred murió de tuberculosis. La combinación de ambos fallecimientos provocó en la madre de Belle una crisis nerviosa de la que aún se estaba recuperando cuando se casó con su padre.

—Debemos cuidarnos de no sobrecargar a tu madre en este momento —concluyó severamente el padre de Belle—. Si le ocurre algo a Murray, no sé lo que hará. Ha puesto todo su empeño en criarlos a ustedes.

Belle sonrió débilmente. Como única hija en casa, tenía la doble obligación de intentar ser perfecta y de distraer a su madre de la ausencia de su hermano.

Pasaron las semanas y los meses, y de vez en cuando llegaban cartas de Murray, luchando en el frente francés. En ellas hablaba del barro en el que se movían los soldados, o de la escasez de carne y café. Aunque las cartas no eran alegres, consolaban a la familia Miller, ya que al menos dejaban constancia de que Murray aún estaba vivo

Mientras su hermano estaba en el frente, Belle se volcó en sus tareas escolares. Era una estudiante excepcionalmente completa que destacaba en casi todo lo que hacía. Tocaba el piano y la guitarra. Cosía con maestría muchos de sus vestidos. Era la mejor bailarina de su clase de danza, ganó el premio de oratoria en la escuela y, obtuvo el primer puesto en rendimiento académico de toda la provincia de Columbia Británica. Por ese honor recibió una medalla especial del gobernador general de Canadá.

Belle se dio cuenta de que sus padres estaban muy orgullosos de sus distinciones, y su madre empezó a decir que Belle «se casaría bien». Aunque le seguía la corriente, Belle no dejaba que sus padres se enteraran de sus planes de futuro, pero tenía ideas fijas. Pensaba asistir a la Universidad de Columbia Británica y llegar a ser profesora universitaria. Había una asignatura que le gustaba mucho, el inglés, y sabía que pasaría su vida felizmente estudiando y enseñando literatura inglesa a sus estudiantes.

Durante los años que le quedaban de colegio, Belle persiguió su objetivo secreto de asistir a la Universidad de Columbia Británica. Y, efectivamente, se graduó con facilidad y se preparó para hacer la transición a la universidad.

Mientras guardaba sus recuerdos del colegio para prepararse para la universidad, Belle se topó con un libro de autógrafos que había olvidado. Hojeó sus páginas hasta dar con la distintiva escritura cursiva de su abuela.

Una vida noble no es fulgor
De repentina gloria conquistado,
Sino una suma de días
De buen obrar acumulados.

Belle se encogió de hombros al leer estas palabras. Seguía echando de menos a su abuela, que vivía en Toronto, donde Belle había nacido, pero creía que su abuela estaba completamente equivocada. No se le ocurría nada más aburrido que sumar días de buen obrar. En absoluto. Ella iría a la universidad y se prometió a sí misma que se iba a divertir allí muchísimo.

Desde el primer día que puso el pie en la institución, Belle, de diecisiete años, se enamoró de la vida ajetreada en el campus de la Universidad de Columbia Británica. La universidad estaba situada a poca distancia de la casa de los Miller, de modo que Belle pudo asistir a clase y seguir viviendo en su casa. En su primer día de universidad, Belle iba con la cabeza alta, decidida a exprimir cada gramo de diversión de los cuatro años de carrera para obtener su título. Corría el mes de agosto de 1918. La Gran Guerra tocaba a su fin, Murray pronto volvería a casa, y todo el mundo parecía estar de buen humor.

Durante su primera semana en la Universidad de Columbia Británica, Belle tomó una decisión que afectaría a su estancia en el centro académico. El Dr. Sedgewick, director del departamento de inglés, estaba dando una conferencia a los aproximadamente cien alumnos de su curso de literatura inglesa de primer año. En el transcurso de la conferencia comentó de forma imprevista:

—Por supuesto, nadie en esta época ilustrada cree ya en los mitos del Génesis... —el Dr. Sedgewick se detuvo un momento mientras Belle escuchaba atentamente—. Tal vez sea mejor comprobarlo antes de ser tan dogmático—, añadió. Y luego preguntó con toda naturalidad: ¿Hay alguien aquí que crea que hay un cielo y un infierno? ¿O que la historia del Génesis es cierta? Por favor, que levante la mano.

Belle levantó inmediatamente la mano y miró a su alrededor para cerciorarse de si había alguien que pensara como ella. Al ver que solo otra persona había levantado la mano, le invadió la vergüenza. Y más cuando el Dr. Sedgewick replicó: «Oh, solo lo crees porque tu mamá y tu papá te lo dijeron». Y continuó pronunciando su conferencia

Cuando Belle volvía a casa esa noche, pensó en lo que había ocurrido ese día en clase de literatura inglesa. ¿Estaba ella equivocada y el profesor tenía razón? ¿Por qué creía en la Biblia? ¿Por qué creía en el cielo y el infierno? ¿Y era realmente cierto el relato de la creación del Génesis?

Reflexionando en estas cuestiones, Belle llegó a la conclusión de que quizá el doctor Sedgewick tenía razón. Sus padres le habían enseñado a creer en esas cosas desde su más tierna infancia. Pero, creer algo simplemente porque tus padres te lo han enseñado ¿constituye una base suficiente para construir tu vida en el mundo moderno? Por supuesto, ella había visto en su familia muchas respuestas sorprendentes a la oración. Pero, ¿probaban realmente que Dios existía? Después de todo, había aprendido en su clase de psicología que la mente puede ejercer un efecto poderoso sobre la materia. ¿Lo que ella pensaba que eran respuestas a la oración eran solo coincidencias? ¿O tal vez los que oraban respondían inadvertidamente a sus propias oraciones?

La mente de Belle bullía de pensamientos mientras escudriñaba sus preguntas y posibles respuestas. Antes de llegar a casa esa noche, tomó la decisión de que en adelante sería agnóstica. Eligió esta postura en lugar del ateísmo porque no estaba totalmente convencida de que Dios no existiera. Resolvió que tal vez existía, pero no estaba interesado en lo que le ocurría a la humanidad.

Como ahora era agnóstica, Belle no encontraba ninguna buena razón para seguir asistiendo a la iglesia con sus padres los domingos o para leer su Biblia cada mañana. Al no ir a la iglesia los domingos, podría salir más tarde los sábados por la noche a bailar y dedicar su tiempo de lectura de la Biblia a estudiar. Belle veía que sus padres no estaban contentos con su decisión de dejar de ir a la iglesia, pero no intentaron obligarla a ir con ellos cada domingo.

Su primer año en la Universidad de Columbia Británica fue lo que Belle esperaba. Le resultó fácil sacar buenas notas y disponer de tiempo para ir a fiestas y participar en el grupo de teatro de la universidad. De hecho, Belle hizo tantos amigos en su primer año de universidad que en su segundo año fue elegida secretaria del consejo estudiantil, hazaña inédita para una estudiante de segundo curso.

Y lo que es mejor, durante su segundo año en la universidad Belle se enamoró. El objeto de su afecto fue un soldado retornado de la Gran Guerra llamado Ben.

Ben reunía todas las cualidades que Belle (y su madre) esperaban. Era alto y atlético, un jugador estrella en los equipos universitarios de rugby y baloncesto. También era carismático y encantador, y aunque era bautista, no se lo tomaba demasiado en serio. Le gustaba el baile y la diversión.

Durante los dos años siguientes, mientras proseguían sus estudios, Belle y Ben fueron inseparables. Se comprometieron extraoficialmente y los padres de Belle acogieron a Ben en la familia. De pronto, Belle recibió un duro golpe.

Un día, durante su último año de universidad, Belle se dirigía a la biblioteca con su amiga Cora.

—Creo que alguien tiene que decirte esto, aunque te duela. Lamento tener que ser yo —le dijo Cora mientras caminaban.

Belle se detuvo en seco para oír lo que su amiga tenía que decirle. ¿Qué podría ser? Cora continuó.

—¿Recuerdas cuando estabas enferma y Ben te preguntó si podía llevar a Reba al baile de la fraternidad? —Belle asintió.

—Odio decirte esto, pero eso no fue el final. Mucha gente ha visto a Ben y Reba juntos desde entonces.

Mucha gente, excepto yo, pensó Belle y luego murmuró algo parecido a un agradecimiento a Cora antes de marcharse sola.

Un revoltijo de pensamientos inundó la mente de Belle mientras caminaba sola. Seguramente Ben no estaría saliendo con otra mujer a sus espaldas, y desde luego, no con alguien del campus. ¿Cómo era posible? Se suponía que iban a casarse dentro de un año. Belle no podía creerlo, pero tampoco se le ocurría ninguna razón por la que Cora le mintiera. Decidió enfrentarse a Ben directamente y comprobar si había algún tipo de malentendido

Al día siguiente, Belle alcanzó a Ben en la entrada de la universidad. Se acercó a él y le dijo bruscamente:

—Alguien me ha dicho que te ha visto salir a menudo con Reba últimamente. ¿Es eso cierto?

Ben pareció sorprendido. Sus labios esbozaron una sonrisa y su voz se volvió apacible.

—¿Por qué, Isobel, eres tan puritana? No supondrás que después de casarnos no voy a salir con otra mujer si me apetece.

Belle sintió que su corazón daba un vuelco ante la respuesta de Ben. Y al instante, con voz temblorosa, exclamó:

—Entonces nos separamos. Adiós, Ben.

Belle se esforzó por medir sus pasos y moverse con paso firme mientras se alejaba, al menos hasta quedar fuera de la vista de Ben. Entonces se detuvo y rompió a llorar. Mientras una oleada de humillación la invadía, se preguntó qué iba a hacer ahora. ¿Sabía todo el mundo en el campus, excepto ella, que su novio era un mujeriego? Todos sus sueños, todas sus esperanzas de casarse con Ben se habían ido al traste. Casarse con Ben quedaba descartado.

Capítulo 3

Tanteando a Dios

—No sé qué habrá pasado entre tú y Ben, pero esto no puede ser el fin del mundo, querida. ¿Por qué no se sientan a hablar? Es la manera de zanjar la situación.

Belle respiró hondo. Era como la centésima vez esa semana que escuchaba a su madre repetir el mismo estribillo. Sabía que ella tenía buenas intenciones, pero Belle estaba demasiado desconsolada para hablar con nadie de su ruptura con Ben.

La ruptura afectó mucho a Belle. No podía dormir ni comer. Para empezar, era de complexión delgada, por lo que perder dos o tres kilos le dio una apariencia demacrada. Y le costaba concentrarse en sus estudios universitarios.

Alice Miller insistió ante su hija.

—Belle, vas a cumplir veinte años la próxima semana, y dos semanas después es Navidad. Tienes que encontrar la manera de hacer las paces con Ben y volver a encarrilar tu vida y tu relación. Este debería ser el momento más feliz de tu vida, pero mírate. Seguramente hay algo que puedes hacer para arreglar las cosas.

Belle no necesitaba que le recordasen que el 17 de diciembre, su cumpleaños, estaba a la vuelta de la esquina. Ese también era el día en que Ben y ella habían planeado anunciar su compromiso. Pero ese sueño se había hecho añicos.

Cuando Belle salió de la cocina, ignoró la conversación que había tenido con su madre. No veía ninguna utilidad en hablar con nadie sobre el fracaso de su relación. Tenía que seguir adelante.

Esa misma noche, el padre de Belle entró en su dormitorio. Se arrodilló en silencio junto a la cama de su hija y comenzó a orar por ella. Sin embargo, Belle todavía estaba completamente despierta, aunque tenía los ojos cerrados. La idea de que su padre pidiera a Dios que interviniera y la ayudara enfureció a Belle. Tan pronto como se detuvo para respirar, Belle se apoyó en los codos y le dijo:

—Gracias, papá. Sé que tienes buenas intenciones, pero orar no va a traspasar el techo. Así que no te molestes.

Samuel Miller se levantó lentamente, gimió y se fue. Belle trató de dormir después de que él saliera del dormitorio, pero fue inútil. Los mismos pensamientos se repetían machaconamente en su mente. La vida no tiene sentido. ¿Qué importa si me caso con Ben o no? ¿Qué importa si no celebro mi cumpleaños? ¿Y qué importaría si yo no hubiera nacido en absoluto? La vida no es más que una gran broma de Dios a costa nuestra.

A medida que pasaban los días, sin importar cuánto lo intentara, Belle no podía dormir por la noche. Se sintió cada vez más exhausta y angustiada. Su vigésimo cumpleaños pasó y apenas lo recordó. Una noche, días antes de Navidad, las cosas llegaron a un punto crítico. Incapaz de conciliar el sueño, mientras daba vueltas y más vueltas, escuchó el débil susurro de una voz en su mente: «Nunca serás amada como quieres que te amen. Tus estándares son demasiado altos. No vas a ser feliz, ¿para qué seguir viviendo? No hay propósito. ¿Por qué no te levantas de la cama, vas al botiquín del baño, tomas el frasco etiquetado como "veneno" y te lo bebes? Todos tus problemas habrán terminado. Caerás en un sueño del que nunca despertarás».

Antes de darse cuenta, Belle se levantó y se dirigió hacia el baño. Por lo que a ella concernía, la voz que había escuchado en su cabeza tenía razón. Era hora de poner fin a la miseria y la frustración y en las que había caído su vida. Era hora de probar el veneno y acabar con la vida de una vez por todas.

Belle puso la mano en el pomo de la puerta del baño y oyó a su padre gemir en sueños. Algo penetró en su confuso pensamiento. ¿Cómo puedo hacerle esto a mi padre?, pensó. Si me mato, pasará el resto de su vida preguntándose si fui al infierno, aunque no creo que exista tal lugar. ¿Puedo hacerle eso? ¿Y cómo le afectarían los titulares que seguramente se sucederían en el periódico?: «Estudiante con honores de la Universidad de Columbia Británica, elegida como la más popular, se suicida». ¿Qué clase de regalo de Navidad sería ese?

Belle soltó entonces el pomo de la puerta y regresó de puntillas a su dormitorio. No bebería el veneno.

De vuelta en su dormitorio, Belle se sentó en el borde de la cama. Mientras reflexionaba sobre lo que acababa de suceder, le vino a la mente un verso de una prueba poética reciente. El verso, de Dante Alighieri, estaba en latín. *In la sua volontade e nostra pace*. Belle tradujo mentalmente el verso al inglés. «En su voluntad está nuestra paz». Reflexionó sobre lo extraño que era el recordar este pasaje. Dante creía en Dios, pero más que eso, parecía pensar que la paz se encontraba en hacer la voluntad de Dios. La idea le pareció seca y poco atractiva, pero no tenía nada mejor con que reemplazarla, de modo que hizo un trato con Dios. En la oscuridad, levantó las manos y dijo: «Dios, si existes, si me demuestras que lo eres, y me das la paz, te entregaré mi vida entera. Haré lo que me pidas, iré a cualquier lugar que me envíes, por el resto de mi vida».

No cayeron estrellas del cielo ni destellaron luces brillantes en torno a Belle cuando terminó de hacer su pacto. Se metió en la cama y cerró los ojos. A la mañana siguiente, se despertó después de disfrutar del sueño reparador más largo desde que rompiera con Ben.

Cuando Belle despertó, el recuerdo de la noche anterior estaba vívido en su memoria. Reflexionó sobre qué hacer al respecto. Una cosa era segura: no iba a contar a nadie su oración. Eso estaba fuera de discusión. Era un acuerdo privado entre ella y Dios, si es que Él existía, y nadie más. Además, no podía imaginar qué harían sus padres si se enteraban de que ella había orado como lo había hecho. ¡Su padre estaría arrodillado junto a su cama todas las noches, y su madre la acosaría para que asistiera a todas las reuniones de oración misionera entre su casa y las Montañas Rocosas! «No —se prometió Belle—, no es oportuno contarle a nadie mi experimento con Dios, y tal vez nunca llegue el momento».

Esa noche y la siguiente, Belle durmió profundamente. Comenzó a sentirse mejor acerca de la ruptura con Ben, y de su futuro y de las posibilidades que se avecinaban. En la privacidad de su dormitorio, comenzó a estudiar la Biblia, solo las palabras de Jesús, al principio, subrayando todo lo que Él le decía, y prometiéndose a sí misma hacer todo lo posible por cumplirlas. Después de su lectura diaria de la Biblia, pedía a Dios fuerza y comprensión para vivir otro día.

Aunque no se hubiera producido ningún gran cambio exterior, Belle sintió que se descongelaba por dentro. Sintió alivio acerca de su experiencia con Ben. La amargura se desvaneció y su vida recobró color.

Belle no se dio cuenta de cuánto había cambiado por dentro hasta que su amiga Jill la invitó a su fiesta de cumpleaños. La familia de Jill acababa de construir una casa espaciosa en Vancouver, completa, con una pista de baile en el recibidor, y Jill parecía ansiosa por mostrársela a sus amigos.

La noche de la fiesta, Belle estaba bailando con una amiga de la universidad cuando sonó el timbre. Con una ráfaga de aire fresco, entró en la casa un grupo de personas. El corazón de Belle se aceleró cuando reconoció a dos de los invitados: Ben y Reba. *¿Cómo se atreven?*, pensó Belle cuando los vio. *Saben que Jill es mi amiga y que yo asistiría.*

Incapaz de controlar su temblor, Belle rápidamente se excusó de su pareja y corrió escaleras arriba. Dio un portazo en el vestidor donde ella y otras chicas habían dejado sus bolsos y chales. Oleadas de rabia la invadieron. Era como si de nuevo estuviera viviendo la humillación de Ben diciéndole que quería estar con otras mujeres. Se estremeció violentamente y le castañetearon los dientes ante el vívido recuerdo.

Entonces Belle recordó el verso de Dante Alighieri, «En su voluntad está nuestra paz». También recordó su promesa de tratar de estar a la altura de la enseñanza de Jesús de orar por todo. Levantó las manos y dijo en voz alta: «Oh, Dios, si eres real, por favor, dame...». De repente, sintió como si una descarga eléctrica hubiera sacudido su cuerpo y tuvo la sensación de que una paz líquida brotaba por sus poros. Se miró las manos; estaban firmes y no temblaban. Se imaginó que bajaba las escaleras y seguía bailando, incluso con Ben, y luego se dio cuenta de que estaba sonriendo.

Qué extraño, pensó. Estoy tranquila y sonriente, lista para seguir celebrando el cumpleaños de Jill. ¡No me siento amargada ni humillada ni quiero que Ben y Reba sufran en absoluto!

Belle bajó las escaleras, se sumó a la fiesta y siguió bailando. Ben la invitó a bailar y ella aceptó. Fue mágico volver a estar en sus brazos. Ben era un bailarín extraordinario y los dos formaban una hermosa pareja en la pista de baile.

«Belle, estás muy hermosa esta noche», le susurró Ben al oído mientras bailaban.

Belle aceptó el cumplido, pero no lo sintió como antes. Dios —o algo exterior— había respondido a sus oraciones y le había dado paz.

Aun así, Belle no estaba lista para contarle a nadie lo que estaba experimentando. Todavía era demasiado para asimilarlo, y no quería que las expectativas de otras personas la molestaran.

Lo único que permitió a su madre fue convencerla para asistir a una clase bíblica los domingos por la tarde con el profesor Ellis. La primera vez que Belle asistió al estudio bíblico fue como un favor a su madre, pero el profesor, un cristiano gentil y educado, pronto cautivó su interés. Habló de muchas ideas progresistas que le habían enseñado a Belle en la universidad y las refutó inteligentemente una por una.

Resulta que Belle esperaba ansiosamente los domingos y su clase vespertina de Biblia. Ella sabía que su actitud probablemente confundía a sus padres, especialmente porque no les daba ninguna pista externa de estar «probando a Dios» por sí misma.

La vida continuó. Grandes cambios se avecinaban en la familia Miller. Después de regresar de la Gran Guerra en Europa, Murray, el hermano de Belle, estaba demasiado inquieto para encontrar trabajo. Finalmente, Samuel y Alice Miller decidieron intervenir en la vida de su hijo. Vendieron su casa en Vancouver y compraron una granja de pollos, no lejos de Victoria, en la isla de Vancouver. El padre de Belle, pionero en el campo médico del uso de la tecnología de rayos X, viajaba regularmente entre Victoria y Vancouver, donde trabajaba para un médico. Continuaría con su trabajo mientras Murray dirigiera la granja de pollos.

Esto proporcionó a todos un lugar para vivir, excepto a Belle, quien finalmente se graduó por la Universidad de Columbia Británica en mayo de 1922 y aceptó un trabajo como maestra de alumnos de tercer grado en la escuela Cecil Rhodes, en Vancouver. Tenía muchas ganas de convertirse en profesora universitaria, pero esto requería más estudio, y decidió esperar un poco antes de embarcarse en ello. Nadie iba a tomar en serio a una graduada de veinte años.

Una vez vendida la casa familiar, Belle buscó otro lugar para vivir. Teniendo pocas alternativas, decidió hospedarse con una señora llamada McMillian y sus hijos. En total, nueve personas vivían en la casa de los McMillian, incluido un bebé, y Belle fue impactada por el ajetreo de sus vidas. A todos, al parecer, les gustaba jugar a las cartas y apostar. Todas las noches, alguien sacaba una baraja y se limpiaba la mesa del salón. «¿Quieres jugar, Belle?», alguien le preguntaba. Al principio, Belle accedió a jugar de vez en cuando, pero pronto se sintió frustrada por la pérdida de tiempo. Ella preferiría pasar una hora cada noche en oración y estudio de la Biblia. Sin embargo, la risa inducida por la cerveza que emanaba del juego de cartas en el salón resonaba por toda la casa, haciendo imposible que Belle se concentrara en las actividades que había elegido.

Sin inmutarse, Belle oraba para que Dios la despertara a las dos de la mañana todos los días. Para entonces, el último jugador de cartas se había ido a la cama y la casa estaba en silencio. La oración de Belle fue respondida. Noche tras noche, Belle se despertaba en torno a las dos para orar y leer la Biblia, y luego volvía a dormir profundamente hasta la mañana siguiente.

Belle también comenzó a asistir a conferencias vespertinas en el Instituto bíblico de Vancouver, pero le resultó difícil hacer nuevos amigos. Los estudiantes del instituto bíblico no se parecían en nada a los estudiantes brillantes y divertidos que había conocido en la Universidad de Columbia Británica. Sus amigos de universidad se habían dispersado por Canadá y Estados Unidos, y aunque no quisiera admitirlo, por primera vez en su vida, Belle se sintió sola.

Ser maestra de escuela no estaba funcionando como Belle se había imaginado. Temía los días luengos[1] y lluviosos en los que estaba encerrada todo el día con una clase de treinta niños de ocho años. Día tras día enseñaba los mismos conceptos sencillos de matemáticas y lectura. Algunos de sus alumnos, sabiendo que era joven e inexperta, intentaron ponerla a prueba con todo tipo de travesuras.

Belle había sido una niña alegre y por una parte quería reír las payasadas de los niños. Pero, por otra, estaba molesta de que los pequeños le robaran tanto tiempo y energía. Empezó a preguntarse si realmente quería ser maestra durante los próximos cinco años.

1 Luengo: Largo.

Resolvió que no. Pero, ¿qué alternativa le quedaba? En la década de 1920 las niñas, básicamente, solo disponían de tres opciones profesionales después de la escuela secundaria y la universidad: enfermería, secretariado o enseñanza. Era demasiado tarde para cambiar de rumbo y hacerse enfermera, y Belle no podía imaginarse quedar atrapada en una oficina todo el día. No. Había elegido la enseñanza y tendría que aprovecharla al máximo.

Con eso en mente, Belle decidió asistir a una convención de maestros que se celebraría en Seattle, Washington, en las vacaciones de Semana Santa. Esperaba aprender, en compañía de otros maestros, algunas técnicas de enseñanza que refrescaran su visión para enseñar a los niños de tercer grado.

Cuando Belle dijo a su padre lo que pensaba hacer, él concertó que se quedara con sus amigos Otis y Julia Whipple. Esto enojó a Belle. Seguramente su padre se dio cuenta de que su hija era demasiado mayor para hacer preparativos para ella. Sin embargo, dado que Belle recibió la noticia de la gestión de su padre justo antes de tomar el ferry para viajar a Seattle, no tuvo tiempo de telegrafiarle para informarle de que prefería quedarse con gente más joven.

Una Belle frustrada descendió del ferry en el centro de Seattle. En el fondo, no creía que la convención de maestros reavivara ningún tipo de amor por la enseñanza primaria, y la idea de alojarse con una pareja religiosa mayor la hizo suspirar.

Esa noche Belle conoció a Otis y Julia Whipple, que no eran en absoluto como ella se los había imaginado. Sentada junto al fuego, comiendo las deliciosas galletas de chocolate de Julia Whipple, escuchó historias sobre un lugar llamado The Firs (Los abetos[2]). Julia le contó a Belle que ella y su esposo, que era arquitecto, habían invertido los ahorros de toda su vida para comprar un terreno y lo habían convertido en un campamento cristiano. La emoción brillaba en sus ojos mientras hablaba de la convención misionera que planeaban celebrar en The Firs (Los abetos) para el verano, en la que su cuñada, que había enviudado recientemente, sería una de las oradoras.

El entusiasmo de Julia no era exactamente contagioso, pero Belle, ya echada en la cama, admitió para sí misma que aquella mujer de mediana edad era bastante simpática y que había lugares peores donde alojarse en Seattle.

La conferencia resultó no ser de tanta inspiración como Belle había esperado y le dejó mucho tiempo para hacer turismo. El domingo de Pascua por la tarde, se encontró con Mamie, una vieja amiga de Universidad de la Columbia Británica. Las dos mujeres pasaron una tarde muy divertida paseando por el paseo marítimo y escalando la colina de Queen Anne Hill para disfrutar de una vista panorámica de Seattle.

Todo fue bien hasta que Mamie finalmente se atrevió a preguntarle si le gustaba ser maestra. Belle tuvo que contener las lágrimas cuando respondió:

—No estoy nada feliz. Nunca imaginé que fuera así. Me gustaría enseñar en la escuela secundaria, pero todavía soy demasiado joven. Es tan aburrido enseñar ortografía y aritmética día tras día…

Mamie puso su mano en el hombro de Belle y la interrumpió.

---

2 Abetos: Árbol de la familia de las abietáceas de hasta 50 metros de altura, copa cónica de ramas horizontales, hojas aciculares perennes y fruto en piñones casi cilíndricos. Es propio de parajes montañosos y su madera, no muy resistente, es apreciada para determinadas construcciones por su tamaño y blancura.

—Sé exactamente lo que necesitas. Un amigo nuestro viene a cenar esta noche en casa y es frenólogo[3]. Normalmente cobra mucho por sus servicios, pero si vienes como invitada, estoy seguro de que te lee la cabeza gratis y te dice lo que debes hacer.

El corazón de Belle se disparó. Era justo lo que necesitaba: alguien que la ayudara a discernir el camino a seguir, y ¿quién mejor para hacerlo que un frenólogo? Después de todo, los frenólogos (médicos que observaban la forma del cráneo para ayudar a sus clientes a descubrir qué tipo de trabajo les sería más idóneo) estaban de moda.

Entonces Belle recordó que debía regresar a casa de los Whipples para la cena.

—Mamie, muchas gracias, pero no sé si puedo dispensarme para la hora de la cena. Me estoy alojando con una pareja muy religiosa, y no sé qué pensarán si voy de visita con un frenólogo, y además, el domingo de Pascua.

—Pero tienes que venir —replicó Mamie—. No querrás ser una vieja y triste maestra dentro de diez años. Te lo debes a ti misma para descubrir lo que realmente deberías hacer —Belle asintió.

—Creo que puedo resolverlo. Tengo que volver con los Whipple y explicarles la situación, y luego te llamaré. Estoy segura de que no les importará oír el aprieto en que me encuentro. Además, no les pertenezco. Solo me quedo en su casa.

Mamie asintió con la cabeza.

—Si alguien puede explicar su ausencia, eres tú, Belle. Espero tu llamada telefónica.

---

3 Frenólogo: (persona que profesa la frenología). Antigua doctrina psicológica según la cual las facultades psíquicas están localizadas en zonas precisas del cerebro y en correspondencia con relieves del cráneo.

Belle y Mamie se separaron. El corazón de Belle se sentía ligero mientras regresaba a casa de los Whipple. Por fin, seguía la pista de algunas respuestas. Seguramente esa noche su futuro se desplegaría ante ella.

Capítulo 4

Un plan de vida

Una hora después de separarse de Mamie, Belle estaba sentada en la cama del pequeño dormitorio del segundo piso de los Whipple hablando con Julia Whipple.

—Pero, ¿qué es eso de ir a ver un frenólogo para ver qué te depara el futuro? —preguntó Julia gentilmente—. No estoy segura de entenderlo.

Belle respiró hondo y se explayó.

—Pensé que sería feliz enseñando. Siempre quise ser maestra, pero la verdad es que lo encuentro terriblemente aburrido. Los alumnos me atropellan y temo ir a la escuela todos los días. Mi amiga Mamie tiene un amigo frenólogo que viene a cenar a su casa. Sé que es domingo, pero me encantaría que me leyera la cabeza y me dijera para qué soy realmente apta.

—Entiendo, repuso Julia.

Hubo una larga pausa que Belle se sintió obligada a llenar.

—Así que me pregunto, ¿cree que habría algún problema con ver a un frenólogo en domingo? —Julia negó con la cabeza.

—Belle, querida, no creo que realmente importe qué día de la semana es. Creo que lo importante que debes saber es que Dios tiene un plan para tu vida. El libro de Efesios nos asegura que tú y yo fuimos creadas para buenas obras en Cristo. Y si esto es cierto, lo mejor sería preguntarle a Él qué planes tiene para ti en lugar de consultar a alguien que examine los bultos y protuberancias que hay en la cabeza. ¿No te parece?

Belle se recostó y cerró los ojos. En los cientos de sermones y lecciones de escuela dominical que había escuchado, no recordaba una sola referencia a que Dios tuviera un plan personal para la vida de cada individuo. Este era un pensamiento emocionante. ¿Qué pasaría si Dios tenía algo especial para ella?

Los ojos se le llenaron de lágrimas mientras Belle miraba a Julia.

—¿Cómo encontraré el plan de Dios para mi vida? —le preguntó.

Julia abrió su Biblia. Acarició su cubierta.

—Siempre he conocido la voluntad de Dios leyendo su Palabra: este libro —dijo, entregando la Biblia a Belle.

Belle abrió la Biblia impulsivamente y dejó caer su dedo sobre un texto. Lo leyó en voz audible: «Guárdate de la mentira». Belle se quedó mirando las palabras que acababa de leer. ¿Era la frenología un asunto fraudulento? ¿Estaba Dios, el Dios del universo, hablándole, advirtiéndole que se mantuviera alejada de cosas como la frenología y que pusiera su vida en sus manos? Parecía increíble, pero en lo más profundo, Belle creyó que eso era exactamente lo que Dios le estaba diciendo.

En ese instante se evaporó toda una serie de preocupaciones sobre su futuro, con quién se casaría y qué debería hacer para ganarse la vida. Se sintió más libre de lo que podía recordar. La respuesta era simple, muy simple: Dios le mostraría el camino a seguir. Él trazaría el plan para su vida y ella lo seguiría.

Al darse cuenta de esto, Belle comenzó a soltar fuertes sollozos de alivio. No tenía necesidad de consultar a un frenólogo ni hoy ni ningún otro día. Las respuestas que buscaba estaban allí mismo, en la Biblia.

El tiempo en la conferencia de maestros de Seattle pasó volando. No obstante, asistiendo a las restantes sesiones de la conferencia, sintió que su vida no giraría en torno a la enseñanza de alumnos de tercer grado.

Cuando salió de la casa de los Whipple, Belle estaba lista y dispuesta a regresar a Vancouver. Julia metió una copia de un libro titulado *El crecimiento de un alma,* sobre Hudson Taylor, fundador de la Misión al Interior de la China, en su bolso. También invitó a Belle a asistir a la conferencia bíblica que se celebraría en The Firs en julio. Pero Belle rechazó la oferta. Ya estaba inscrita para asistir a la Escuela de Verano para maestros en Victoria y, además, no creía que fuera a disfrutar rodeada de tantos cristianos entusiastas y exaltados. Para Belle, el cristianismo seguía siendo un asunto muy privado, no algo que analizar y exhibir en público.

Lo que Belle no había tenido en cuenta fue la persistencia de Julia. Un mes después de regresar a Vancouver, recibió una nota de ella. «Isobel, creo que sería maravilloso que vinieras a The Firs este verano. Adjunto 5 dólares para tu boleto de ferry; el alojamiento te resultaría gratis, ya que serías mi invitada. ¿Puedes orar por este asunto y considerarlo?», decía la nota.

Belle suspiró. Julia Whipple no era de las que se dan por vencidas, y Belle tenía un billete de cinco dólares en la mano que la obligaba al menos a considerar la oferta de asistir a la conferencia bíblica en The Firs. Sin embargo, necesitaba la acreditación que obtendría al asistir a la escuela de verano y no podía permitirse el lujo de abandonar ninguna clase para asistir a la conferencia. Aun así, como había recibido cinco dólares de Julia, sintió que debía ver qué podía hacer. Al final del año escolar, después de regresar a Victoria para pasar el verano con sus padres, Belle decidió ir al centro de la ciudad, a la oficina de registro de la escuela de verano, para pedir diez días libres en medio del cursillo. Estaba segura de que el registrador le diría que no. Una de sus amigas había pedido siete días libres y el registrador había rechazado rotundamente su solicitud. Pero al menos, razonó Belle, lo habría intentado y podría informar honestamente a Julia que no podría asistir a The Firs.

Las cosas no resultaron exactamente como Belle había pensado. Cuando pidió tiempo libre al registrador, él apenas levantó la vista del libro mayor que estaba ojeando.

—¿Diez días? —dijo él—. ¿Quiere diez días libres para ir a Bellingham a atender un asunto personal, señorita Miller? ¿Cuándo?

—A mitad de la escuela de verano —respondió Belle.

—Bien —asintió el registrador—. Le daré de baja durante su ausencia, y aun puede obtener crédito completo por su cursillo. Diviértase. Espero que no llueva todo el tiempo.

Belle salió de la oficina de registro aturdida. ¿Le acababan de conceder diez días libres? ¿Sin perder ningún crédito? ¡No parecía posible! Un rayo de emoción se apoderó de ella. ¿Era esto de Dios? ¿Formaba parte del plan que Él tenía para su vida? De repente, la idea de asistir a la conferencia en The Firs animó a Belle. Tal vez Dios quería usar la conferencia para darle dirección para su vida.

Tan pronto como llegó y vio a Julia, Belle supo que había tomado la decisión correcta yendo a The Firs. Respiró hondo cuando el olor a cedro inundó sus pulmones. En un frenesí de actividad, a Belle le presentaron a su compañera de cuarto, Edna Gish, una joven unos cinco años mayor que ella. Las dos compartirían una pequeña y maravillosa cabaña de troncos ubicada a cierta distancia del campamento principal. La cabaña daba al lago Whatcom, de aguas cristalinas, que bordeaba The Firs. Caminando por el campamento de varias hectáreas de extensión, Belle descubrió una nueva paz. Toda la tensión de su primer año de enseñanza se disipó en ese ambiente tranquilo.

Durante la conferencia, Belle pudo conocer a Edna y halló inspiradora la historia de su vida. Edna era hermana de Otis Whipple y se había casado con un hombre llamado Ellis Gish. Juntos partieron hacia China para servir como misioneros, pero después, sobrevino una tragedia. Mientras estaban de vacaciones en un centro turístico de montaña, Ellis, experto nadador, se había ahogado inexplicablemente. El accidente había ocurrido hacía menos de un año, y Edna se ocupaba ahora de dirigir la sección juvenil del programa de la conferencia bíblica.

Al ocupar la misma cabaña, Edna dio a Belle muchas oportunidades de observarla y ver si ella realmente podía vivir una vida cristiana victoriosa después de aquella tragedia. Belle observó que Edna oraba todas las mañanas antes que nadie se levantara y leía su Biblia antes de acostarse. Belle pudo notar que Edna a veces estaba triste, pero también que le impregnaba una maravillosa sensación de paz y esperanza que contrastaba con el año terrible que acababa de experimentar.

En una de las sesiones de la conferencia, cuando Edna preguntó a los jóvenes allí reunidos quiénes estarían dispuestos a entregar todo su futuro a Dios, incluso si ello significaba que sobrevinieran dificultades, Belle levantó la mano. Después de observar a Edna de cerca, Belle se mostró dispuesta a tratar de seguir su ejemplo.

Al finalizar la conferencia, Belle estaba convencida de que Dios quería que ella fuera misionera y decidió dar algunos pasos en esa dirección. Independientemente de la forma que tomara su servicio misionero, sabía que necesitaría dos años completos de estudio en un instituto bíblico. Le hubiera encantado inscribirse en un instituto de tiempo completo, pero acababa de terminar de pagar su préstamo estudiantil y no disponía de ahorros para mantenerse mientras estudiaba. Para el año siguiente, se contentaría con enseñar tercer grado durante el día y asistir a clase dos noches por semana en el Instituto bíblico de Vancouver con renovado vigor.

Al recordar que su padre la había dedicado a las misiones cuando era bebé, Belle estaba deseosa de contar a sus padres su nueva orientación. Una noche, durante la cena, en la casa de Victoria, Belle anunció:

—¡Tengo noticias maravillosas! Dios me ha llamado al campo misionero extranjero, a China para ser exactos.

Belle vio que el rostro de su madre enrojecía mientras balbucía su respuesta.

—Isobel Miller, ¡serás una misionera sobre mi cadáver!

Belle retrocedió en estado de shock. ¿Había realmente su madre pronunciado esas palabras?

—Pero madre, seguro que no lo dices en serio.

—Me has oído bien —respondió su madre enfáticamente—. No permitiré que mi única hija deambule por el mundo dependiendo de la caridad. No me puedo imaginar que la gente pase el sombrero para mantener a mi hija. ¡Nunca podría vivir con esa desgracia!

Belle se excusó de la mesa, se puso el abrigo y salió de casa. Caminó sola, tratando de digerir lo que acababa de decir su madre. No tenía sentido. Después de todo, su madre había sido presidenta de la Sociedad Misionera Femenina de la Iglesia Presbiteriana desde que Belle ingresara en la escuela primaria. De hecho, toda la educación de Belle había girado en torno a servir a los demás en nombre de Dios. ¿Qué problema había en querer servir a Dios como misionera?

Varios días después, cuando las cosas en casa se calmaron un poco, Belle preguntó a su padre acerca de la reacción de su madre. Él sacudió la cabeza.

—Tu madre tiene ciertas ideas —dijo—, y no se sabe de dónde vienen. Pero puedo decirte que cada vez le preocupa más que quieras ser misionera. Cada vez que trato de discutir la idea con ella, se echa a llorar o le da un ataque. Me temo que es demasiado para ella —Se volvió hacia Belle, con los ojos llenos de lágrimas—. Voy a tener que pedirte que no vuelvas a mencionar el tema, Belle. Por lo que respecta a tu madre, no vas a ser misionera y no estoy dispuesto a oponerme a ella. No sé qué le pasaría… —su voz se apagó.

Una vez más, Belle se sintió completamente traicionada, esta vez por su padre. ¿No era este el hombre que se había arrodillado junto a su cama cuando ella había perdido la fe? ¿El hombre que suavemente la había animado a buscar a Dios? ¡Y ahora se ponía al lado de su madre en contra del servicio misional! Iba en contra de todo lo que Belle creía saber sobre su familia. ¿Cómo iba a obedecer el mandato bíblico de honrar a su padre y a su madre y al mismo tiempo cumplir su compromiso de ser misionera?

Capítulo 5

Intención misional

Al inaugurarse el nuevo año escolar, Belle regresó a Vancouver para iniciar su segundo año como maestra de tercer grado en la Escuela Cecil Rhodes. Puede que en su corazón deseara ser misionera, pero la realidad era que no tenía dinero ni la bendición de sus padres para seguir esa dirección. Determinó que lo único que podía hacer era seguir orando y ver qué pasaba.

Los niños de su clase eran un poco más fáciles de controlar esta vez, y Belle conocía mucho mejor el plan de estudios. Una vez que se había acomodado de nuevo para enseñar, comenzó a asistir a clases nocturnas en el Instituto bíblico de Vancouver como paso previo para alcanzar su meta. Sin embargo, Belle calculó que a ese ritmo de estudio en el instituto bíblico, ¡transcurrirían treinta y cinco años hasta que llegara al campo misionero!

Mientras tanto, Belle tenía poca comunión cristiana con personas de su edad en Vancouver, aunque se vinculó con la señorita Fouch, mujer de mediana edad que tuvo que jubilarse antes de lo previsto de su servicio misionero en Formosa por causa del asma. Belle y Miss Fouch se reunían una vez a la semana para orar y animarse. A veces, no obstante, Belle tenía que admitir que no era nada alentador. No acertaba a ver cómo escapar de su situación y salir al campo misionero. Otras personas contaban historias milagrosas de la provisión divina para ellas, pero Belle sentía que solo avanzaba pesadamente de una paga a otra.

La Navidad, y el Año Nuevo de 1924, llegaron y se fueron mientras Belle continuaba enseñando durante el día y asistiendo a clases nocturnas. De pronto, una noche de primavera de 1924, Belle recibió una llamada telefónica que cambiaría su vida. Una joven llamada Marjorie Harrison, a quien Belle había conocido en The Firs el verano anterior, le hizo una solicitud que sonaba un poco misteriosa.

—Me estoy alojando en la casa de la Misión al Interior de la China, aquí, en Vancouver. Me gustaría que vinieras a visitarme ahora mismo, si es posible.

Belle accedió, y mientras viajaba en el tranvía para entrevistarse con Marjorie, trató de imaginar de qué podría tratarse aquel encuentro. Las dos habían hablado algunas veces en The Firs, pero no habían vuelto a tener contacto. Hasta donde Belle podía recordar, Marjorie era una candidata a trabajar con la Misión al Interior de la China (o CIM, por sus siglas en inglés, como la gente solía referirse a ella) y ya debía haber viajado a China. ¿De qué podría querer hablar con Belle?

Marjorie esperaba a Belle a la puerta de la casa de invitados de la CIM. Las dos mujeres se dieron un fuerte abrazo.

—¡Es tan maravilloso volver a verte, Belle! —exclamó Marjorie—. Sube a mi habitación. Tengo mucho que contarte.

Belle siguió a Marjorie escaleras arriba y se sentó en una sillita mientras Marjorie se sentaba en la cama.

—Te voy a contar lo que ha pasado —comenzó diciendo Marjorie—. Estoy segura de que sabes que iba a ir a China con la CIM.

Belle asintió. Todos los asistentes a The Firs en el verano sabían que Marjorie había planeado durante varios años ir a China y se encontraba en las etapas finales de preparación.

—Las cosas no han ido como yo pensaba —continuó Marjorie—. Todo estaba listo, y lo único que faltaba era someterme a un examen médico —bajó la voz—. Pero el médico no me dio permiso. He sufrido dolores de cabeza durante años, y me dijo que la experiencia de la CIM es que si una persona es propensa a tener dolores de cabeza en casa, se multiplicarán por diez con el calor y el bullicio de China.

Belle se quedó en estado de shock.

—¿Quieres decir que ya no vas a China? ¿Después de tanta preparación? ¿Cómo pueden hacerte eso? ¿Por qué no te dejan ir para ver si los dolores de cabeza son realmente intensos?

—Está bien —Marjorie sonrió—. Oré sobre el asunto, y acepto la decisión. Por supuesto que quería ir, pero sé que Dios tiene algo para mí aquí.

Belle permaneció sentada y se preguntó qué estaba haciendo allí. Obviamente, Marjorie no deseaba que se compadecieran de ella. Y Belle notó que sus ojos le brillaban mientras hablaba.

—Pero bueno, a lo que voy. Trabajé y ahorré suficiente dinero para costear mi pasaje a China, pero siento que es dinero del Señor. Cuando descubrí que no podía ir allá, pedí a Dios que me mostrara qué hacer con el dinero. Esta noche, la señorita Fouch vino a cenar conmigo y me comentó que tienes un llamado para ser misionera en China. En ese momento supe que Dios quería que te diera el dinero.

Belle tragó saliva y sintió que sus ojos se dilataban. Por una vez en su vida no supo qué responder.

—Me gustaría —prosiguió Marjorie— que usaras el dinero para asistir al Instituto Bíblico Moody en Chicago. Debería ser suficiente para cubrir el viaje en tren, así como la matrícula y la pensión del primer año.

A Belle le rodaron las lágrimas por las mejillas.

—¿Estás segura? —preguntó—. Es mucho dinero. Podrías invertirlo en algo, estoy segura.

Marjorie se acercó y tomó la mano de Belle.

—Ahorré cada centavo creyendo que se usaría para enviar a una misionera a China. En ese momento pensé que sería yo, pero ahora creo que eres tú, así que permíteme usar el dinero para ayudarte a lograrlo. Por supuesto —agregó—, aún tendrás que confiar en Dios por tus gastos personales y por la matrícula de tu segundo año. ¿Será eso un obstáculo?

—No es mi mayor obstáculo —respondió Belle—. Mis padres no están contentos con que yo me vaya, ni tampoco mi hermano. Y mi padre atraviesa dificultades económicas en este momento. No puedo pensar en un peor momento para dejarlos, a menos que Dios me esté llamando a ir, y creo que lo está haciendo.

—Entonces creeré contigo —dijo Marjorie— y juntas oraremos para que Dios elimine todos los obstáculos y puedas estudiar en Moody en septiembre.

Belle salió de la casa de huéspedes de la Misión al Interior de China aturdida. ¿Estaba realmente en camino al campo misionero? ¿Cómo la dejaría ir su madre?

Ese fin de semana, de visita en casa de sus padres, Belle trató una vez más de abordar con delicadeza el tema de la misión. Pero, al parecer, su madre estaba tan decidida como siempre a evitar que fuera misionera.

—Isobel Miller, ¿no te lo he dicho ya? ¡Pasarás por encima de mi cadáver! —gritó, rompió a llorar y corrió a su habitación. No bajó en todo el día, alegando que estaba demasiado enferma para levantarse o comer.

El padre de Belle le dio otra charla para no molestar a su madre, y ella resolvió que Dios tendría que hacer otro milagro porque no veía otra forma de partir hacia China.

Ese verano, Julia Whipple invitó a Belle a regresar a The Firs y le ofreció trabajo como camarera en la cafetería a cambio de alojamiento y comida. Esta vez, Belle aprovechó la oportunidad. No había mejor lugar para pasar el verano.

Belle había manifestado tanto entusiasmo después de su experiencia en The Firs el año anterior que su padre decidió inscribirse también en la conferencia de verano. Los dos partieron juntos de Victoria hacia Bellingham, Washington.

El orador principal en la conferencia de ese verano fue un hombre llamado James Fraser. Ninguno de los asistentes parecía conocer a ese hombre, excepto que era un misionero inglés que había servido en la Misión al Interior de China.

Belle encontró asiento en el auditorio al aire libre ubicado en un claro, en un bosquecillo de abetos. Se sentó a esperar que diera comienzo la primera sesión vespertina de la conferencia. Después de cantar varios himnos, James fue presentado a la multitud asistente. Era un hombre delgado de unos treinta y tantos años, con un surco en el cabello ligeramente calvo y ojos azul grisáceos. Con un acento inglés recortado, habló a los reunidos un poco sobre su persona. Había nacido en Londres y, mientras asistía a la universidad, sintió el llamado a ser misionero. En 1908, a la edad de veintidós años, había ido a China para servir con la Misión al Interior de China, donde sirvió dieciséis años antes de disfrutar de su primer permiso.

James contó que la CIM le había enviado a trabajar cerca de la frontera con Birmania (Myanmar en la actualidad), en la provincia de Yunnan, en el sur de China. Durante los primeros años de servicio, compartió el evangelio con los residentes en la región y ayudó a establecer pequeñas iglesias. En el mercado solía ver grupos de personas vestidas con ropas brillantes confeccionadas con tiras de tela cosidas entre sí. Las túnicas de las mujeres estaban adornadas con conchas de cauri[1] y tirabuzones plateados. Además, la gente usaba sombreros planos, coloridos, parecidos a turbantes. James cayó en la cuenta de que la gente no hablaba chino, sino un idioma que nunca había oído. Luego supo que la gente ni siquiera era china. Eran los lisu, una tribu que vivía en las montañas que bordean el valle del río Salween. Entonces James comenzó a contar su primer contacto con las gentes del lugar. Su descripción fue tan vívida que Belle sintió que ya no estaba sentada en un claro de abetos en el estado de Washington, sino que había sido transportada a China y a las montañas contiguas al río Salween.

Mientras James describía un viaje accidentado para acceder a una aldea lisu, viajando por empinadas sendas de montaña, con laderas escarpadas hasta el tumultuoso río en el fondo del cañón, Belle estaba

1 Cauri: Molusco gasterópodo que abunda en las costas de Oriente y cuya concha blanca y brillante servía de moneda en la India y costas africanas.

mentalmente presente, caminando justo detrás del misionero. Podía oler el aroma a pino que impregnaba el aire y sentir las afiladas rocas del sendero bajo sus pies. Cuando el misionero describió el pequeño grupo de casas que formaban la aldea, que sobresalían sobre el terreno empinado, para Belle fue como si estuviera allí. Y cuando James describió al pueblo lisu, su creencia en los demonios y el culto a los antepasados, Belle casi pudo extender la mano y tocar a los aldeanos.

La hora pasó volando y James concluyó su presentación prometiendo volver a transportar a su audiencia a la tierra de los lisu y describir más detenidamente su trabajo entre ellos al día siguiente. Belle esperó anhelosamente. Al anochecer del día siguiente, se acomodó temprano en el auditorio al aire libre, esperando que el misionero comenzara a hablar.

Cuando James salió al frente, habló sobre el idioma lisu. Contó que la gente carecía de idioma escrito y que durante largos meses, sentado en sus hogares, con las familias lisu, había aprendido a hablar su idioma. Comenzó a conversar con ellos en un dialecto chino que algunos de ellos conocían. Una vez que aprendió su idioma, James se dedicó a producir una forma escrita del mismo, que fue conocida como «Escritura Fraser[2]». Luego describió cómo él y otros dos habían comenzado a traducir el Nuevo Testamento a esa forma escrita. Belle volvió a quedar fascinada ante la presentación del misionero.

Al siguiente anochecer, James habló de las grandes dificultades que enfrentó al principio para ganar adeptos. A pesar de sus esfuerzos por aprender el idioma lisu y de producir una forma escrita del

2 Escritura Fraser: es una escritura artificial inventada por el año 1915 por Sara Ba Thaw, una predicadora karen de Birmania, y mejorado por el misionero James O. Fraser, para escribir el idioma lisu.

mismo, de viajar de pueblo en pueblo de alta montaña para hablar del evangelio con el pueblo lisu, prácticamente no hubo conversiones. James contó abierta y honestamente cómo esta circunstancia le había sumido en una profunda depresión y que la llegada por correo de una revista cristiana de la que nunca había oído hablar le abrió los ojos al poder de la oración en todo lo que hacía. Escribió a su madre y a sus amigos cristianos para pedirles que oraran por él y por el pueblo lisu, para que Dios les abriera los ojos a la verdad y al poder del evangelio.

Y efectivamente, las cosas comenzaron a cambiar. Cada vez más lisus comenzaron a aceptar el evangelio y convertirse al cristianismo, abandonando su reverencia a los demonios y derribando y quemando los altares domésticos de sus antepasados. Pero, como señaló James, había mucho trabajo por hacer entre los lisu, que no solo habitaban regiones chinas, sino también de Birmania y zonas montañosas de Siam (Tailandia), donde la mayoría de la gente ignoraba por completo la existencia del evangelio.

En el última anochecer de la conferencia, James hizo un llamado a los asistentes: la CIM necesitaba más jóvenes misioneros varones para trabajar entre los lisu. Explicó que para cualquiera que osara ir, sería una vida desafiante, llena de soledad y sacrificio, y tendría que recorrer las montañas donde ellos vivían. Sería un desafío tanto físico como espiritual. Pero también una vida que acarrearía profunda alegría y satisfacción, sabiendo que se estaba sirviendo a Dios de la mejor manera posible.

Mientras escuchaba a James hacer su llamado, Belle se conmovió profundamente. Y aunque él suplicara por misioneros varones, Belle oró en silencio: «Yo iré, Señor. Estoy dispuesta. No soy hombre, pero iré…».

Capítulo 6

Moody por fin

Por la mañana temprano Belle se sentó junto a la ventana de la casa que su padre había alquilado para veraneo de la familia y miró hacia Oak Bay. Samuel Miller se había alojado con James Fraser durante la conferencia y quedó tan impresionado que invitó al misionero a pasar una semana con la familia Miller. A Belle le encantaba estar cerca de James, como también a su madre. Resultó que James era un hombre con múltiples talentos. Era licenciado en ingeniería eléctrica por la Universidad de Londres y consumado concertista de piano. La propia Belle tocaba el piano y la guitarra, y dada la formación musical de su madre, a los tres les encantaba sentarse, hablar de música y escuchar a James tocar el piano. Pero la presencia de James aumentó la frustración de Belle por no poder ir por sí misma al campo misionero.

El agua en Oak Bay esa mañana estaba tranquila como el cristal, no como la agitación que rugía en el interior de Belle. Era viernes, el último día antes de comprometerse otro año como maestra de tercer grado en la escuela Cecil Rhodes, en Vancouver. Pero Belle no quería volver a Vancouver. Deseaba desesperadamente ir a Chicago y asistir al Instituto Bíblico Moody. Y Marjorie Harrison había depositado el dinero en una cuenta bancaria esperando que ella lo utilizara para ese propósito. Belle sabía que había sido llamada a ser misionera y se preguntaba cómo podría llegar a Moody y dar el primer paso de su vida de servicio.

Desesperada, Belle oró en silencio mientras el sol matutino entraba a raudales por la ventana. «Señor, ¿qué haré? Si no me decido este fin de semana, tendré que volver a enseñar en la escuela».

Cuando acabó de orar, con tanta claridad como si alguien le hubiera dictado las palabras en voz alta, Belle escuchó una voz que decía: «Habla con tu madre sobre la ida de Ernest a Moody».

Belle se sobresaltó. Su padre le había prohibido hablar con su madre de China o de ser misionera, pero seguramente su madre no pondría reparos a que Ernest, amigo de Belle, se fuera a estudiar al Instituto Bíblico Moody. Al fin y al cabo, la madre de Belle estaba obsesionada con la idea de que su hija se casara bien, y no había ocultado que Belle y Ernest harían una buena pareja.

Belle se sentó a la mesa de la cocina donde su madre disfrutaba de una taza de té por la mañana.

—Madre —comenzó diciendo—, me acabo de enterar de que Ernest planea ir al Instituto Bíblico Moody este otoño. Si la familia de Ernest cree que el lugar es bueno para él, no entiendo por qué estás en contra de que yo vaya.

Su madre dejó la taza de té, con una expresión de sorpresa en el rostro. ¿Quién dijo que estaba en contra de que fueras, querida? Puedes ir si quieres. Sabes que no podemos ayudarte económicamente en este momento, eso es todo. Ernest es un buen joven, y sería bueno conocer a alguien una vez allí.

Belle casi saltó del asiento.

—Madre, ¿lo dices en serio? Porque si es así, no volveré a la escuela Cecil Rhodes. En vez de ello iré a Moody este otoño.

—Sí, lo digo en serio —respondió Alice Miller—. Puedes ir a Moody con Ernest, pero ¡no dije que puedas ir a China!

Belle se quedó sentada a la mesa, comiendo unas tostadas, ¡pero en su mente ya estaba en Moody, en Chicago, preparándose para ser misionera!

Un millón de pensamientos le asaltaron. Necesitaría un visado para estudiar en los Estados Unidos y tendría que rellenar los formularios de solicitud para Moody. También tendría que encontrar una manera de ganar dinero para comprarse ropa de invierno. Belle se preguntó si a los estudiantes de Moody se les permitía trabajar en el instituto. Ojalá conociese a alguien en Chicago a quien poder preguntar.

Casualmente metió la mano debajo del cojín de la silla en que estaba sentada y sacó dos revistas. Al ponerlas sobre la mesa, algo le llamó la atención: «El Dr. Isaac Page y Sra. han sido transferidos al área de Chicago. Si alguien desea comunicarse con ellos, su dirección es…».

Belle se incorporó asombrada. Los Page eran amigos de sus padres desde hacía mucho tiempo. Cuando él y su esposa zarpaban de Vancouver para regresar a la obra misionera en China, el Dr. Page irritó a Belle declarando que oraría para que fuera llamada a China como misionera. Y ahora, nueve años después, los Page vivían en Chicago.

Tan pronto como pudo, Belle salió de casa, con una carta de renuncia al trabajo como maestra en Vancouver en una mano y un borrador de telegrama para el Dr. Page en la otra. El telegrama decía: «¿Es posible abrirse camino en el Instituto Bíblico Moody? Por favor, cobrar por cable. Isobel Miller».

Antes del anochecer, Belle obtuvo una respuesta. «Sí, de hecho, el instituto cuenta con una oficina de empleo para ayudar a encontrar el trabajo adecuado. Espero verla pronto. Isaac Page», fue el mensaje que Belle recibió por telégrafo.

Al día siguiente, James y Belle caminaron junto a la bahía. Belle estaba agradecida de contar con alguien ante quien abrir su corazón. Le contó a James la oposición de su madre a que fuera misionera y cómo había cambiado de opinión acerca de dejarla ir a Moody.

—Ella podría volver a cambiar —le advirtió James mientras las gaviotas volaban sobre sus cabezas. Levantó la vista y luego habló en voz baja, casi como si estuviera pensando en voz audible—. De hecho, me pregunto si alguna vez llegarás a China. Eres muy joven y tienes muchos obstáculos por delante —continuó después de hacer una pausa—. Incluso es concebible que después de llegar al instituto bíblico, Satanás intente apartarte del camino. Por ejemplo, puedes recibir un telegrama diciendo que tu madre se encuentra muy enferma y te pide regresar a casa de inmediato. —Volvió la cabeza para mirar a Belle, sus ojos azules brillaban—. Si esto sucediera, no puedes irte luego de recibir el telegrama. ¿Hay algún cristiano aquí en quien puedas confiar para analizar la situación y aconsejarte según la gravedad de la enfermedad?

Belle tuvo que pensar por un momento. Una pregunta tan extraña la había pillado con la guardia baja.

—Bueno, sí, confiaría en Charles Thomson, de la Misión al Interior de China.

—Muy bien, si recibes un telegrama como este, telegrafía al Sr. Thomson y pídele su opinión antes de partir de Chicago —dijo James.

—Puedo hacerlo —dijo Belle, dudando de dónde habría sacado él una idea tan extraña.

Por un lado, Belle se sentía feliz de que James estuviera convencido de que ella llegaría al Instituto Bíblico Moody. Pero por otro, no daba la impresión de que sus problemas hubieran ya terminado.

Efectivamente, el mes siguiente resultó ser uno de los más difíciles para Belle. En cuestión de días, su madre volvió a tener ataques de llanto y afirmó que si Bella la amaba, no abandonaría Victoria, especialmente por ese tiempo. Belle entendió; la familia estaba en desorden. Su hermano Murray no ganaba dinero con la cría de pollos y parecía incapaz de dedicarse a ningún otro trabajo. Y su padre tenía pendiente una demanda judicial por mala praxis[1]. La demanda se basaba en falsedades, pero si prosperaba en los tribunales, los escasos ahorros de la familia Miller desaparecerían y Samuel Miller podría pasar hasta diez años en la cárcel. Tal circunstancia dejaría a Belle como único apoyo de la familia.

En ese contexto, fue muy duro para Belle prepararse para Moody, y se alegró de las pequeñas señales que le mostraban las bendiciones de Dios por el camino. James Fraser le dio algo de dinero para sus gastos y prometió orar regularmente por ella. Marjorie Harrison le envió el boleto de tren para Chicago, e Isaac Page le escribió para comunicarle que la estaría esperando en la estación cuando llegara.

1 Praxis: Práctica, en oposición a teoría o teórica.

Finalmente, llegó el día de la partida de Belle. Fue un día que ella nunca olvidaría. El transbordador a Seattle saldría de Victoria a las dos y media de la tarde, y esa mañana Samuel Miller comparecería por última vez ante el tribunal para oír el veredicto en su juicio por mala praxis. Belle no se atrevía a pensar en lo que haría si el veredicto era contrario a su padre y le sacaban esposado del tribunal. Envió su baúl por delante al muelle del transbordador y esperó junto al teléfono para tener noticias de su padre. A las 10:30 de la mañana sonó el teléfono. Belle levantó el auricular y oyó la voz clara y diáfana de su padre declarar: «¡Gloria a Dios! Totalmente absuelto».

Belle dejó escapar un gran suspiro de alivio. Después de todo, ella no abandonaría a su familia en un momento de necesidad desesperada. Los Miller se reunieron en el muelle y se despidieron antes que Belle subiera a bordo del ferry. Cuando miró desde la pasarela, Belle vio a su madre en el muelle, sollozando, con un pañuelo en la mano. Sonrió valientemente y saludó. No importaba qué podía suceder, había fijado su rumbo y ya estaba en camino.

En Seattle, Belle tomó el tren a Chicago, y el 3 de septiembre, cuatro días después de partir de Victoria, finalmente, llegó al Instituto Bíblico Moody, justo a tiempo para comenzar las clases. En 1886, el evangelista Dwight L. Moody había fundado el instituto que llevaba su nombre. El campus estaba ubicado en el centro de Chicago, una ciudad grande y bulliciosa, mucho más grande que Victoria, o incluso que Vancouver.

Belle tuvo muchas cosas que hacer en la primera semana de clases. Se inscribió en asignaturas de religión comparada, historia de las misiones, grupos de canto, dirección y predicación. Durante su primer año,

Belle compartió habitación con otra joven ex maestra de escuela, Lillian Billington, a quien había conocido en The Firs. Pronto las dos se hicieron buenas amigas.

Sin embargo, Belle se enteró en seguida de que no podía trabajar. No sabía que durante su primer semestre en Moody, no les era permitido a los estudiantes trabajar fuera del centro. Se desanimó cuando se enteró de este extremo, ya que Belle sabía que no tenía suficiente dinero para costearse todo el año. El invierno estaba en camino, y Belle necesitaba ropa de abrigo para soportar el viento ártico que helaba los huesos y que, según le habían advertido, azotaba regularmente Chicago desde el lago Michigan. Ante esta situación, decidió que lo mejor que podía hacer era orar al respecto y así lo hizo.

A los pocos días de hacer su oración, Isaac Page hizo una visita a Belle.

—Ponte el sombrero y el abrigo, Isobel —le dijo. Te llevaré a la vuelta de la esquina para presentarte a alguien.

Belle obedeció, asumiendo que el Dr. Page quería presentarle a algún misionero amigo suyo. En cambio, el doctor la llevó a un banco y le presentó al gerente.

—Firme aquí, señorita Miller —dijo el gerente del banco, entregándole un bolígrafo—, luego estará lista.

Belle firmó un papel de aspecto oficial, después de lo cual el director del banco le entregó una libreta azul.

—Hay cien dólares en la cuenta para empezar —dijo el Dr. Page con una sonrisa.

Belle se quedó boquiabierta. Cien dólares era mucho dinero. Si lo administraba con cuidado, ese dinero la llevaría lejos.

Después de agradecer efusivamente al Dr. Page, Belle volvió a sus estudios, con sus preocupaciones resueltas, o al menos eso creía.

Pero pocas semanas después, Belle recibió una sorprendente carta de su madre. Al parecer, acababa de enterarse de que tenía cáncer y aún no había decidido si iba a someterse a una operación para extirpar el tumor o a tratamientos de radiología. Belle se quedó atónita. Su madre solo tenía cincuenta y tantos años y parecía estar en forma cuando se despidieron en el muelle de Victoria. Belle leyó la carta de su madre cinco o seis veces, con la esperanza de recabar más información. ¿Qué tipo de cáncer tenía? ¿Hasta dónde se había extendido? ¿Y qué le habían pronosticado?

Después de recibir la carta, una parte de Belle quiso regresar a Victoria para obtener respuestas a sus preguntas, pero se contentó sabiendo que su padre se aseguraría de que su madre recibiera el mejor tratamiento médico posible. Esperó ansiosamente la siguiente carta, que le contara más sobre la enfermedad de su madre.

Sin embargo, no fue una carta, sino un telegrama lo que Belle recibió. Y una terrible noticia de su padre. Alice Miller había elegido someterse a una operación quirúrgica para extirpar el tumor canceroso de su cuerpo, pero había muerto en la mesa de operaciones. En el telegrama, el padre de Belle la instaba a seguir en el instituto, ya que en modo alguno podría llegar a Victoria a tiempo para el funeral.

Después de recibir el telegrama, Belle se encerró en su habitación y lloró amargamente. Las palabras de su madre «irás al campo misionero sobre mi cadáver» seguían resonando en su mente. Ahora su madre estaba muerta. Belle se preguntó si había tomado la decisión correcta al dejar a su madre y venir a Chicago, tan lejos de casa. Si hubiera elegido enseñar otro año en Vancouver, lo más probable es que hubiera acompañado a su madre hasta el final. Sus preguntas no tenían respuesta y Belle no podía encontrar la paz.

Belle oró por la situación y poco después recibió una carta inesperada de una amiga de su madre. La mujer le decía que su madre le había escrito la noche anterior a su operación, y que Alice le había confesado que había hecho mucho de lo que ella llamaba «trabajo pesado» para el Señor, pero que en el fondo sabía que Isobel hacía lo correcto al dedicar toda su vida a Dios. Le confió a su amiga que si sobrevivía al cáncer, intentaría seguir el ejemplo sacrificial de Belle. Esa carta hizo que Belle se sintiera mucho mejor. Qué maravilloso era saber que su madre había comprendido su llamado a las misiones y lo había aprobado antes de morir.

Una noche, no mucho después de enterarse de la muerte de su madre, Belle esperó en la fila a que le sirvieran la cena para llevar a los que estaban sentados en su mesa en la cafetería. Mientras aguardaba el sonido de la campana que indicaba que era hora de empezar a servir la cena, Belle se encontró soñando despierta con los eventos de las últimas semanas y anticipando cómo sería China. Cuando finalmente sonó la campana, la mente errante de Belle volvió a la cafetería con un sobresalto. Al levantar la vista, se topó con los brillantes ojos azules del joven que manejaba el lavavajillas. ¿Por qué, se preguntó a sí misma, no se había fijado en él antes? Sus ojos se cruzaron momentáneamente. Fue como una descarga eléctrica. Belle no sabía cómo se llamaba, ni nada del joven, pero estaba segura de que en esa breve mirada se había forjado un vínculo entre los dos.

Belle pasó una Navidad tranquila en Moody. El instituto atraía estudiantes de toda América del Norte, ya que ofrecía el mejor plan de estudios disponible para misioneros. Al igual que Belle, debido a la distancia, muchos estudiantes no pudieron viajar a casa por Navidad. Belle se sumó a algunas veladas de villancicos y testimonios durante la Navidad, pero le inquietaba que su padre y su hermano estuviesen solos en casa.

Por fin llegó el año mil novecientos veinticinco y su segundo semestre en Moody. Belle no perdió tiempo en conseguir un trabajo. No era, desde luego, el empleo de sus sueños, pero era un trabajo. Durante dos horas, todos los días, Belle trabajó de camarera en la cafetería de personal de la cercana tienda de departamentos de Montgomery Ward. Servía a los empleados la comida y recogía los platos cuando acababan. Muchas camareras, que trabajaban a tiempo completo en la cafetería, eran mujeres fornidas y corpulentas que se jactaban de poder llevar cinco o más comidas completas en una bandeja y equilibrarla mientras servían los platos. No obstante, lo más que Belle pudo manejar fueron dos comidas en su bandeja. Aun así, se quedó con el trabajo. Necesitaba el dinero, y con el tiempo fue aceptada por las otras camareras y cocineras como parte del equipo.

Con el comienzo de un nuevo semestre, Belle también se comprometió a orar regularmente durante su tiempo en el Instituto bíblico. Hasta entonces, a veces había estado demasiado ocupada asistiendo a clases y haciendo tareas para poder dedicar una hora de oración al día, pero decidió que la oración tenía que ser prioritaria. Era difícil imaginar cómo lo haría, ya que a su compañera de cuarto le gustaba dormir hasta el desayuno, pero, al final, Belle concibió un plan. Despertarse a las cinco y media de la madrugada, levantarse de la cama y recorrer el pasillo hasta el armario de la fregona[2]. Deslizarse dentro del armario, dar la vuelta

2 Fregona, fregón: Utensilio para fregar los suelos sin necesidad de arrodillarse.

a un cubo de fregar y sentarse en él. Allí se sentaba todas las mañanas con las fregonas colgando y los trapos de limpieza apilados, orando por ella, sus amigos de universidad y el trabajo que haría entre el pueblo lisu en China.

Tan pronto como Belle se adaptó a esa rutina, un día la llamaron en clase y le dijeron que se presentara directamente en la oficina del decano. Mientras recorría el piso de la pulida tarima del instituto, Belle sintió que una sensación de pavor la envolvía.

Capítulo 7

No recomendado

Belle abrió la pesada puerta de madera del despacho de la decana con manos temblorosas. Una vez dentro dirigió un vistazo al rostro de la decana y supo que el asunto era serio.

—He recibido un telegrama —dijo la decana, sentada tras su escritorio—. Por favor, siéntese, querida —hizo un gesto a Belle para que se sentara en una silla de cuero a la izquierda de su escritorio.

—Por favor, léamelo —le rogó Belle mientras se sentaba—. Dígame, ¿qué ha sucedido?

La decana se aclaró la garganta y habló en voz baja.

—Dice así: «Padre gravemente herido en accidente de ascensor. Vuelve a casa de inmediato. Murray».

Belle guardó absoluto silencio: primero su madre y ahora su padre.

—¿Quién es Murray? —preguntó la decana.

—Mi hermano —respondió Belle—. No puedo soportarlo; ¡mi padre también! —las lágrimas comenzaron a fluir por sus mejillas. No quería llorar delante de la decana, pero no pudo evitarlo.

—¿Hay alguien a quien pueda llamar para pedir ayuda? —preguntó la decana.

Un recuerdo repentino acudió a la memoria de Belle: un paseo por la playa de Oak Bay, en la isla de Vancouver, con James Fraser. Recordó que James le había aconsejado qué hacer si recibía un telegrama con malas noticias sobre su madre mientras estaba en Moody. Belle se irguió en el asiento. Esta situación estaba sucediendo casi exactamente como James había descrito que podía suceder, solo que esta vez se trataba de su padre. Las palabras de James resonaron en su mente: «Si algo así sucede, no puedes emprender viaje tan pronto como recibas el telegrama...».

Belle tomó una resolución. Dios estaba con ella en esta situación. Él la ayudaría.

—Me gustaría que contactara con el Dr. Isaac Page para pedirle que venga. Él podrá ayudarme, —dijo a la decana.

Media hora después, el Dr. Page llegó al despacho de la decana.

—Tomé un taxi cuando me enteré, querida —dijo—. ¿Qué puedo hacer por ti?

Belle le contó lo que James le había dicho antes de partir hacia Moody, y pidió al Dr. Page que contactara con Charles Thomson, de la CIM, en Vancouver, para averiguar si su padre estaba gravemente herido o no. Mientras tanto, Belle volvería a su dormitorio y empacaría su baúl, aunque no iría a la estación hasta tener noticias de Charles. Esa misma noche, antes de la cena, llamaron a Belle una vez más al despacho de la decana. Esta vez el telegrama recibido era más esperanzador. «Padre mejorando. Te quiere y dice que te quedes donde estás. Escribe Thomson».

Un gran alivio inundó a Belle mientras leía el texto del telegrama. Parecía que su padre iba a recuperarse. Hablaba y había dicho a Charles que le dijera a Belle que se quedara en Chicago. Cuando regresó a su habitación, Belle se arrodilló junto a su cama y dio gracias a Dios por salvar a su padre y por ahorrarle hacer un viaje innecesario por medio continente norteamericano.

Pronto llegó una carta de Charles informando a Belle que su padre había subido cuatro pisos en un ascensor cuando el cable resbaló y la cabina se estrelló contra el cemento del sótano. El padre de Belle sufrió una sacudida y algunas lesiones internas, pero ya estaba estabilizado y se esperaba que no tardando mucho se recuperara por completo.

Belle sintió mucho alivio al recibir esa carta y otra que le siguió poco después. Esta segunda carta era de Julia Whipple, quien se encontraba en China con su esposo. Otis Whipple era un conocido arquitecto de Seattle que se había ofrecido como voluntario para diseñar un hospital misionero en China. Al leer la carta, Belle recibió un impulso extraordinario en su fe. La carta era una respuesta a la misiva que Belle había enviado a Julia sobre la muerte de su madre. Julia le decía que había revisado su diario de oración y que el día que murió su madre, ella estaba profundamente apenada por Alice Miller. Había pasado mucho tiempo orando por ella, y al final, tuvo la seguridad de que la madre de Belle estaba en paz con Dios.

Las lágrimas se le saltaron a Belle leyendo la carta de Julia. Y había más. «Pero ahora, mientras escribo», proseguía Julia, «tengo otra carga que me agobia. Es por ti, y de alguna manera guarda relación con tu padre. Oro mucho por ti, querida, y por él. No sé qué está pasando, pero Dios me ha llamado hoy a interceder por los dos y a reclamar que solo se haga su voluntad en ustedes».

Belle comprobó la fecha de la carta: era el mismo día en que su padre sufrió el accidente en el ascensor. Sintió escalofríos. Julia no tenía forma de saber lo que estaba pasando al otro lado del mundo, a menos que ¡Dios le hubiera hablado!

Con el impulso que recibió su fe al recibir la carta de Julia, Belle se dedicó a sus estudios con la certeza de que Dios podía resolver todos sus asuntos sin importar cómo se presentaran las circunstancias.

El padre de Belle se recuperó por completo, pero una vez recuperado, decidió dejar su trabajo y asociarse con Murray para invertir a través de la compraventa de acciones. Corría el año 1925 y, como su padre señaló en una carta a Belle, no había forma de perder: ¡invertir en acciones era la nueva forma de hacerse rico! Para aumentar su capacidad de ganar dinero, Samuel Miller vendió la casa familiar en Victoria y se mudó a un pequeño apartamento en el norte de Vancouver, invirtiendo las ganancias de la venta de la casa en la compra de acciones.

A Belle le horrorizó esta decisión. Sabía que la mano firme de su madre había sujetado las riendas de la economía familiar, e ignoraba que su padre corriera tantos riesgos faltándole su madre. Aun así, recordando la carta de Julia y la predicción de James, Belle se concentró en sus estudios y dejó el destino de su padre en manos de Dios.

Belle terminó su primer año en Moody con notas excelentes y pasó el verano de 1925 en Toronto, Canadá, con su tía, antes de regresar a Chicago para iniciar su segundo año. Desafortunadamente, a principios de año Belle cayó enferma y tuvo que reducir el número de asignaturas que estaba cursando. Esto significaba que tendría que añadir cuatro meses de estudio para poder graduarse.

No obstante, Belle se sintió lo suficientemente bien para ser una de los ocho estudiantes de Moody que asistieron a la Convención de misiones extranjeras que se celebró en Washington, D.C., en febrero de 1926. No tenía dinero suficiente para sufragar la conferencia, pero un donante anónimo pagó sus honorarios así como sus gastos de viaje hacia y desde Washington, D.C., e incluso le regaló veinte dólares para sus gastos personales.

Belle pasó un tiempo maravilloso en la Convención de misiones extranjeras. El grupo fue recibido en un evento en la Casa Blanca, donde Belle conoció al presidente Calvin Coolidge. También visitó la casa de George Washington en Mount Vernon y escuchó a inspirados misioneros desplegados en muchos lugares del mundo disertar durante las sesiones de la conferencia.

Quizás, lo mejor de todo fue que Belle pasó tiempo con el friegaplatos de ojos azules con cuya mirada se había cruzado en Moody varios meses antes. Se llamaba John Kuhn, y era uno de los delegados del Instituto Bíblico Moody. En la semana que pasaron juntos en la conferencia, Belle conoció a John. Se sintió atraída por sus maneras firmes y tranquilas y por afrontar inteligentemente las situaciones.

Una vez que regresaron a Chicago, Belle acordó tener una cita con John, con su mejor amigo, Francis Fitzwilliam, y con Jenny, amiga de Belle. Los cuatro pasaron muchas felices tardes de domingo saliendo de picnic y conversando. A menudo su conversación se tornaba seria. Belle confió a John que estaba cien por cien comprometida a ir a China para evangelizar al pueblo lisu. John, por su parte, dijo que sentía un llamado más general de servir en China.

Debido a que Belle se retrasó un semestre por causa de su enfermedad, John se graduó antes que ella e ingresó en la escuela de candidatos a la Misión al Interior de China, en Toronto. Pero antes de separarse, prometieron escribirse, aunque Belle dejó claro que no estaba dispuesta a hacer mayor compromiso que ese. Su llamado al pueblo lisu en China era prioritario en su vida.

Belle completó los estudios requeridos y se graduó en Moody en diciembre de 1926. Fue elegida delegada de la clase y su padre, entusiasmado con consejos recientes sobre acciones, viajó a Chicago para la ceremonia de graduación.

Después de graduarse, Belle fue directamente a la escuela de candidatos de la Misión al Interior de China, en Toronto. John y su hermana Kathryn se fueron a China, y dejaron a Belle como única candidata misionera en la escuela por ese tiempo. El reverendo Brownlee y su esposa dirigían la escuela de candidatos. Mientras Belle estaba allí, el Sr. Seaman, misionero que estaba de permiso, se hospedaba en la casa de la CIM en Toronto. Belle comenzó a recibir lecciones básicas de chino del Sr. Seaman y a participar en estudios bíblicos diarios con el Sr. y la Sra. Brownlee. Mientras tanto, las referencias que Belle había proporcionado en su solicitud para servir en la CIM fueron revisadas meticulosamente. Además, tuvo que someterse a unas pruebas físicas, que superó.

Belle llevaba en Toronto un mes cuando finalmente llegó el momento de presentarse ante el consejo de la CIM del este de Canadá para que dictaminara si era una candidata misionera adecuada para la organización. Estaba nerviosa cuando tuvo que comparecer ante el consejo. No tenía idea de qué preguntas le podrían hacer y prefería tener tiempo para pensar en lugar de tener que responder de inmediato. Todo parecía ir bien: el consejo quedó impresionado con las notas de Belle y las asignaturas que ella había elegido para estudiar en Moody. Los miembros del consejo hicieron a Belle algunas preguntas sobre el aprendizaje del idioma y luego le pidieron que saliera de la sala.

El corazón de Belle latía con fuerza mientras esperaba a los miembros del consejo debatir su candidatura. Mientras esperaba, repasó sus respuestas a las preguntas que le habían hecho. Sintió alivio de no haber cometido ningún error durante la entrevista.

Finalmente, el Sr. Brownlee invitó a Belle a entrar en la sala e hizo un resumen de las deliberaciones del consejo.

—El consejo está muy satisfecho con las respuestas que ha dado y su maravillosa incorporación a la CIM de Toronto. Sin embargo, tenemos un problema serio que plantearle. Hemos verificado todas sus referencias, y una de las personas que respondieron a nuestra consulta indicó que no podía recomendarla para trabajar con nosotros.

Belle miró inexpresivamente las caras de los miembros del consejo, apenas capaz de asimilar lo que estaba escuchando. ¿Significaba esto que sería rechazada para el servicio en la misión?

El Sr. Brownlee continuó.

—La persona en cuestión dijo que usted es orgullosa, desobediente y que lo más probable es que se convierta en una alborotadora. Esta persona la conoce desde hace mucho y creemos que no debemos ignorar del todo la información que nos ha proporcionado.

—¿Quién es? —preguntó Belle, con garganta seca y áspera.

—No podemos decírselo —respondió el Sr. Brownlee—. Nunca revelamos quién ha dicho algo, porque queremos que nuestros árbitros se tomen la libertad de ser completamente honestos. Pero creo que debemos advertirle de los inconvenientes que los rasgos antes mencionados pueden representar para su vida y la de sus compañeros en el campo de misión.

Belle agachó la cabeza consternada mientras el señor Brownlee dedicaba la siguiente hora a sermonearla sobre casos de misioneros que habían causado problemas en el extranjero. Al final de su disertación, ella estaba a punto de llorar. Sin embargo, el Sr. Brownlee remató lo que tenía que decir con las siguientes palabras:

—No sé si lo sabrá, pero actualmente está habiendo un levantamiento contra los extranjeros en China, y acabamos de recibir un mensaje para suspender toda operación misionera. De manera que de ningún modo la vamos a enviar. Pero le recomendamos que vuelva a Vancouver y espere que China se abra nuevamente. Mientras tanto, estaremos atentos para ver si exhibe alguno de los rasgos mencionados en la carta. Si nos demuestra que es capaz de conquistar estos rasgos, el consejo occidental de la CIM la aprobará y la enviará con el primer grupo de misioneras cuando la situación en China se aclare. Estamos seguros de que puede obtener aquí la victoria, y hemos acordado pagar su billete de tren a casa como primera etapa de su viaje a China. ¿Qué le parece?

A Belle le pareció terrible, pero murmuró una especie de agradecimiento al señor Brownlee y se refugió en su habitación. Tres palabras se repetían una y otra vez en su cabeza: orgullosa, desobediente, alborotadora, junto con la frase «Si nos demuestra que es capaz de conquistar estos rasgos...» ¡Conquistarlos! Belle se indignaba cada vez que recordaba esas palabras; daban a entender que el consejo creía en aquella referencia y que realmente pensaba que ella tenía problemas con el orgullo, la desobediencia y el alboroto.

Belle deseaba saber quién había escrito esas cosas sobre ella al consejo. ¡Se imaginó lo que le diría a esa persona! De hecho, estaba tan indignada que escribió a un amigo de Moody, explicándole cuán injustamente la habían tratado. La respuesta que recibió le sorprendió. «Belle, tienes que verlo de otra manera. Si alguien me hubiera acusado de esos rasgos, le habría respondido: ¡Así es, hermano! No has mentado[1] ni la mitad».

Belle pensó largo y tendido en la carta de su amigo y finalmente admitió que tenía razón. Quizás otras personas vieran en ella cosas que ella misma no veía. ¿Qué estaba tratando de ocultar? Eventualmente, se encontraría con algunas dificultades en el campo misionero. Todo el mundo pasaba por ello, y el orgullo bien podría asomar la cabeza. Quizás era mejor asentir con el autor de la referencia que discutir el asunto. Esta nueva actitud liberó a Belle del resentimiento y sintió descanso al dejar el asunto en manos de Dios. A su tiempo y a su manera, se dijo a sí misma, llegaría a China para servir al pueblo lisu.

De vuelta en Vancouver, Belle trató de averiguar qué podía hacer. No quería volver a la enseñanza, porque tendría que firmar un contrato, y quién sabe cuánto tiempo pasaría antes de que China se abriera de nuevo. En cambio, aceptó un trabajo de supervisora en el Vancouver Girls' Corner Club, un club cristiano diseñado para animar a las jóvenes trabajadoras en la fe dándoles la oportunidad de invitar a sus compañeras de trabajo a reuniones de evangelización.

1 Mentado: Del verbo mentar. Nombrar o mencionar a alguien o algo.

Belle encontró el trabajo estimulante pero agotador. Vivía con su padre y su hermano en la zona norte de Vancouver, lo que significaba que tenía que tomar un ferry para ir al centro de la ciudad, donde se encontraban las oficinas del club. El transbordador navegaba con menor frecuencia por las noches y, a menudo, llegaba a casa a medianoche.

A medida que avanzaba 1928, fluyó la correspondencia entre Belle y John Kuhn. John le contaba las dificultades a causa del levantamiento en China y cómo se alegraba de que ella no estuviera allí. Por su parte, Belle contaba a John cosas del Girls' Corner Club y la preocupación que sentía por su padre, pues todavía jugaba con el dinero de la familia en Wall Street.

Finalmente llegó la carta que Belle había estado esperando. Su futuro dependía de lo que dijera la carta. John había concluido sus estudios del idioma y era considerado uno de los lingüistas más talentosos que la Misión al Interior de China había jamás capacitado. Tenía que ser asignado como misionero a una provincia china. El lugar dónde ir en parte dependía de él —podía declarar dónde se sentía llamado a servir— y en parte de la CIM, pues ésta podía señalar dónde era más necesario. ¿Le enviarían al extremo noroeste de China, donde, en principio, tenía intención de ir, o al sur, a la provincia de Yunnan, donde vivían los lisu?

Belle apenas pudo contener su emoción cuando leyó que John estaba en camino para servir en la provincia de Yunnan. Más aún, en su carta, John le pedía que fuera su esposa y compañera en la vida y en la misión. «Envía por cable la palabra "luz" si aceptas la propuesta y "tiniebla" si la rechazas», concluía su carta.

«¡Luz!» fue el telegrama de una sola palabra que Belle envió encantada a John. Ahora solo faltaba que la Misión al Interior de China reabriera las fronteras, y ¡pudiera emprender el camino!

En octubre de 1928, dieciocho meses después de abandonar la escuela de candidatos en Toronto, se pidió a un grupo de candidatas de la CIM que navegaran hacia China. En ese momento se disipó la duda de que Belle no era apta para el servicio misional. De hecho, Charles Thomson le escribió a Belle una carta explicándole su opinión. Decía así: «Nunca le he mencionado la intranscendente condición del consejo de Toronto. Desde el principio, tanto el profesor Ellis como yo sentimos que había un error en alguna parte, y quiero que sepa que nuestra confianza en usted es tan profunda que no consideramos necesario convocar el consejo occidental. He llamado a cada uno de ellos, y todos están de acuerdo en elegirle por unanimidad. Cuenta con nuestra completa bendición».

Belle lloró mientras leía la carta de Charles. Recordó lo cerca que había estado de «justificarse», y ahora el asunto había dado un vuelco completo sin su ayuda.

Una Belle entusiasmada empezó a empacar su baúl. Entre otros artículos recogió una alfombra, cortinas y una gran colcha hecha a mano que una amiga le había dado como regalo de despedida. Pensaba usarlas para amueblar la casa que John y ella compartirían después de su boda. También empacó su guitarra.

Finalmente, Belle terminó de empacar. El 11 de octubre de 1928 zarparía rumbo a China, donde la esperaban su futuro esposo y el pueblo lisu.

Capítulo 8

China por fin

Belle se asomó por encima de la barandilla del Emperatriz de Rusia. El cielo era gris como el color de un acorazado y se fundía con el mar en el horizonte. Hasta entonces, luego de ocho días de navegación de Vancouver a Shanghái, China, el mar estaba agitado y la temperatura era fresca para el otoño, pero a Belle no le importó. Le embargaba la emoción de estar finalmente en camino, aunque había sido triste tener que despedirse de su padre y su hermano cuando el barco hizo una breve escala en Victoria.

A bordo del Emperatriz de Rusia viajaban otros once misioneros de la CIM: nueve reclutas y dos misioneros experimentados que regresaban a China después de disfrutar de un permiso. Una que regresaba era Ruth Paxson, quien dirigía un estudio bíblico de una hora cada mañana. Belle asistió con entusiasmo al estudio. Le encantaba escuchar historias de Ruth sobre China y consejos para una buena adaptación misionera. Pero cierta mañana, Ruth dijo algo que molestó a Belle. Miró a los jóvenes y entusiastas misioneros y dijo: «Cuando lleguen a China, toda la escoria de su naturaleza saldrá a relucir».

Belle sintió indignación. ¿Quería Ruth Paxson decir que todos tenían escoria en su naturaleza? Los otros misioneros a bordo parecían personas amables y generosas, y Belle sintió que escoria era una palabra demasiado fuerte para describir su respuesta a los desafíos que encontrarían en el campo de misión. Belle no anticipaba ningún problema importante para adaptarse a la vida misionera; Dios la había llamado al campo misionero y eso era todo lo que necesitaba saber.

Seis semanas después de zarpar de Vancouver, Belle se apostó en la barandilla del Emperatriz de Rusia y vio aparecer la costa china. La tierra era verde y exuberante, y a medida que el barco se acercaba a tierra, Belle divisó pequeñas aldeas diseminadas por el paisaje. Finalmente, el barco se deslizó por la desembocadura del río Yangtze, cuyas aguas eran de un color marrón fangoso. Poco después, el barco giró hacia el río Hwang-poo. Después de navegar veinticinco kilómetros por el Hwang-poo, arribó a Shanghái. Todos los misioneros permanecían asomados a la barandilla mientras el Emperatriz de Rusia se aproximó poco a poco al muelle.

Chicago había sido una ciudad bulliciosa, e incluso Vancouver, pero Belle nunca había visto nada parecido a Shanghái. La ciudad entera era un hervidero de actividad. El río Hwang-poo estaba atascado con embarcaciones de todos los tamaños. Los barcos iban y venían entre la chatarra y los pequeños sampanes, que subían y bajaban, y cruzaban el río.

En el muelle, Belle veía hombres por doquier. Algunos esperaban para amarrar su barco y mover la pasarela hasta su embarcación, mientras que otros transportaban carga de barcos atracados no lejos de allí. Los hombres llevaban pesadas cargas colgadas de postes de bambú que descansaban sobre sus hombros, mientras otros empujaban artilugios parecidos a carretillas atestadas con mercancías. Todo parecía un caos total para Belle, pero notó que aquellos centenares de hombres parecían saber lo que estaban haciendo y hacia dónde iban con sus cargas.

Poco después de que el Emperatriz de Rusia atracara, un representante de la Misión al Interior de China subió a bordo para acompañar a los recién llegados a la casa de huéspedes de la CIM. Mientras el grupo avanzaba por las calles de Shanghái, Belle se quedó estupefacta ante tal actividad frenética. Edificios de oficinas de estilo occidental se alineaban en muchas calles. Los vendedores ambulantes vendían verduras que Belle nunca había visto, por no mencionar la carne, que no era fácil distinguir de qué animal provenía. Las moscas languidecían sobre la carne al sol, y un hedor distinto al que Belle estaba acostumbrada impregnaba el aire. En medio de todo eso, los niños jugaban en la calle, los hombres sorbían infusiones bajo los toldos andrajosos de las casas de té y las mujeres regateaban con los vendedores ambulantes el precio de sus productos.

Belle se alegró cuando por fin llegaron a la casa de huéspedes de la CIM, un pequeño oasis en medio del bullicio y el ajetreo de Shanghái. También se alegró al ver que James Fraser la esperaba en la casa de huéspedes. «Bienvenida a China por fin», le dijo.

Qué maravilloso fue para Belle ver una cara conocida y alguien que conocía a sus padres. James parecía un poco demacrado, pero sus ojos aún brillaban con el entusiasmo que ella recordaba de su estancia en The Firs y la visita de una semana que pasó con su familia en Victoria.

James explicó a Belle que al regresar a China después del permiso, no le habían vuelto a enviar a trabajar entre el pueblo lisu. En cambio, había sido designado como asistente especial de D. E. Hoste, director general de la Misión al Interior de China. Estaba decepcionado por esta decisión porque su corazón estaba con el pueblo lisu. Aun así, no podía dejar de creer que Dios le había abierto esta nueva puerta de servicio, y por eso la había aceptado. Ahora que el levantamiento contra los extranjeros había terminado, James serviría como superintendente de la CIM en toda la provincia de Yunnan, lo que le permitiría estar más cerca de los lisu.

Dos días después de llegar a Shanghái, James guió a un pequeño grupo de reclutas, incluida Belle, que fueron asignados a trabajar en Kunming, capital de la provincia de Yunnan. Kunming está ubicada a casi dos mil kilómetros al suroeste de Shanghái, y para llegar allí, el grupo tuvo que viajar por río y en tren.

Agotada, pero emocionada de encontrarse en la provincia de Yunnan y más cerca del pueblo lisu, Belle llegó a la casa de huéspedes de la CIM en Kunming. Allí la esperaba John Kuhn. Si bien los dos se habían escrito regularmente desde que John dejara el Instituto Bíblico Moody en Chicago, por primera vez desde su compromiso, Belle miró a los ojos y escuchó la voz del hombre con quien pasaría el resto de su vida. Por alguna razón, se sentía extrañamente tímida.

La timidez de Belle no duró mucho. Al fin y al cabo, los dos tenían muchas cosas de qué hablar. La Sra. Helms, quien dirigía la casa de huéspedes, les sirvió té y bollos y John le contó todas las experiencias sufridas durante el levantamiento contra los extranjeros. Tuvo que huir a Shanghái por un tiempo, pero su viaje, aunque espeluznante, había sido mucho menos peligroso para su vida que el viaje de James a un lugar seguro. En el viaje a Kunming, James Fraser le contó un poco de su experiencia vivida. Estaba mucho más tierra adentro cuando llegó la orden de que los extranjeros fueran evacuados a la costa. Con tanto sentimiento anti-extranjero en el campo, era demasiado peligroso para los misioneros viajar por tierra hasta la costa. Por tanto, se dirigieron hacia el río Amarillo en tres balsas improvisadas. Fue un viaje angustioso: los ladrones les siguieron por la ribera del río, una de las balsas quedó atrapada en un remolino durante varias horas y uno de los misioneros murió por el camino. Pero finalmente James logró llevar al grupo a un lugar seguro en Tientsin.

Lamentablemente, John no pudo quedarse mucho tiempo con Belle en Kunming. Tenía que volver a su trabajo en Chengchiang, al sur, y Belle tenía que empezar a aprender el idioma. Los dos se separaron con un plan para el futuro: Belle se quedaría en la casa de huéspedes durante tres meses para estudiar el idioma y luego se trasladaría a una base periférica para trabajar junto a una misionera más experimentada y seguir aprendiendo el idioma. La Misión al Interior de China mantenía una política estricta que exigía a las parejas comprometidas en la misión vivir y trabajar en China durante dos años antes de poder casarse. Eso significaba que John y Belle no podrían casarse hasta noviembre de 1930, fecha que parecía muy lejana. Aun así, ambos tenían por delante mucho trabajo para mantenerse ocupados, y esperaban verse solo unas cuantas veces antes de su boda.

Las semanas de aprendizaje del idioma en Kunming pasaron volando, y pronto Belle completó su primera unidad de estudio del idioma chino. Llegó el momento de mudarse al campo, donde por primera vez estuvo cerca de muchas aldeas de campesinos que nunca habían oído el evangelio. Belle estaba encantada de participar en este aspecto de la vida misional. Era la oportunidad por la que había orado. Pero no había previsto la repugnancia que le produciría vivir como los lugareños. En un mal día, todo la irritaba: los aseos eran insólitos, y tenía que buscar un lugar privado en el campo para hacer sus necesidades. No había agua caliente ni manera de bañarse de manera efectiva, y a no mucho tardar estuvo tan infestada de piojos y pulgas como los que la rodeaban. La comida le resultaba grasosa e insípida, y vomitaba más de lo que retenía. Desesperada, comenzó a preguntarse qué tipo de novia sería. Desde luego, no se había imaginado tratando de aliviar y calmar un montón de picaduras de pulga en el día de su boda.

Aun así, Belle perseveró. Su compañera le dijo que las cosas se tornarían más fáciles, y ella, ciertamente, así lo esperaba. Sin embargo, no tuvo mucho tiempo para averiguarlo. Una noche, ya tarde, solo nueve días después de su asignación a la base de misión periférica, el supervisor de la CIM en el distrito llamó a la puerta de su choza de barro. Belle abrió la puerta y el supervisor entró en seguida, con la frente sudorosa.

—He venido a buscarlas y llevarlas a la capital —dijo—. El gobernador ha enviado sus tropas al interior del país para apoyar a otro ejército, y una banda de guerrilleros está tratando de apoderarse del campo en su ausencia. Están justo de camino hacia acá. ¡Dios nos conceda la gracia de mantenernos delante de ellos! Debemos salir a primera hora de la mañana. Oren para que no nos alcancen.

Belle pasó una noche inquieta, alerta a cualquier leve ruido exterior. No sucedió nada inusual, y a primera hora de la mañana recogieron sus pertenencias y los tres partieron de regreso a Kunming, logrando mantenerse por delante de la banda guerrillera. Llegaron sanos y salvos y encontraron la casa de huéspedes de la CIM repleta de misioneras que también habían huido de sus puestos. Muchas de ellas, como Belle, eran mujeres solteras que trabajaban en parejas. El Sr. Hoste, director general de la CIM, declaró que era demasiado inseguro para ellas trabajar fuera de las murallas de la ciudad hasta que la situación mejorara, lo que parecía estar muy lejos. Al parecer, Belle quedaría atrapada en Kunming por un año y medio hasta que se casara y pudieran salir de la ciudad.

Al mismo tiempo que esto sucedía en Kunming, la Misión al Interior de China revisó sus normas sobre las parejas comprometidas y resolvió que en adelante las parejas podrían casarse una vez transcurrido un año en China. Belle se alegró mucho al enterarse de este cambio de política. Podría casarse con John un año antes y volver a la obra misionera pionera.

Comenzó la preparación de la boda. Belle quería una ceremonia sencilla y privada; después de todo, apenas conocía a nadie en Kunming. Pero la señora Helms tenía otras ideas.

—No se trata solo de ti —dijo a Belle—. Es un acontecimiento social, un evento feliz, aquí, en China. Todos asistimos, en la parte que nos corresponde, a los funerales de los compañeros de la misión, y necesitamos compensarlo celebrando bodas. Por supuesto, tendrás que invitar a todos los europeos de la ciudad.

Belle se resistió a la idea, pero en las semanas previas a la boda, muchas mujeres europeas con quienes conversó le dijeron que les encantaría recibir una invitación para la boda, de modo que accedió: toda la población extranjera de Kunming fue invitada a la boda.

John y Belle se casaron en la iglesia china de Kunming el 4 de noviembre de 1929. Una gran multitud, muchos de cuyos nombres ni siquiera conocía, se reunió para presenciar la ceremonia.

La pareja pasó una semana de luna de miel en el lujoso hotel francés de la ciudad. Su luna de miel, regalo del padre de John, fue una breve vacación antes de afrontar la austera vida en la base misional de John, en Chengchiang.

Después de la luna de miel, John y Belle volvieron a la casa de huéspedes para recoger sus pertenencias. Belle estaba particularmente impaciente por abrir el baúl que había traído de Canadá. Estaba lleno de todo tipo de detalles para hacer de su casa, en Chengchiang, un verdadero hogar.

Justo cuando los recién casados estaban a punto de salir de la casa de huéspedes, el Sr. Hoste llegó para orar con ellos. Cuando terminó de orar, dijo a Belle:

—Sabes, Belle, si yo tuviera una colcha hermosa, la tiraría al río.

Belle notó que se sonrojaba. Qué cosa más extraña para decir, pensó. ¿Cómo sabe el Sr. Hoste que traje una colcha conmigo y, en todo caso, por qué tiene que mencionarlo? No creo que haya nada malo en rodearse de pequeños recuerdos del hogar y de un poco de belleza.

Belle no tardó mucho en darse cuenta de por qué el señor Hoste había hecho ese comentario.

Capítulo 9

Una ingenua novia misionera

John y Belle tardaron un día entero en viajar de Kunming a Chengchiang. Cuando llegaron, ella estaba tan cansada que se fue directamente a la cama. Al día siguiente, John le mostró los alrededores de Chengchiang. Una gran muralla con dos enormes puertas de madera circundaba la población.

—Las puertas se cierran por la tarde a las 18:00 horas y un vigilante hace guardia durante toda la noche —le dijo John.

Después de recorrer Chengchiang, Belle se propuso convertir su vivienda en un hogar. John y ella compartían dos habitaciones en el piso superior de una casa situada en una calle comercial. En dos habitaciones más pequeñas de la planta baja vivían Yinchang y su joven esposa, que servía como cocinera y ama de llaves para John y Belle. Poco después, Belle hizo pintar las dos habitaciones, colocó alfombras en el piso, un nuevo sofá de bambú y adornó con sillas el salón. En un rincón del salón Belle colocó su baúl, que cubrió con una alfombra de viaje verde y carmesí. En la otra esquina de la habitación estaba el escritorio de John, que también servía de mesa de comedor. La cama, en la segunda habitación, consistía en un colchón colocado sobre tablones sostenidos por dos caballetes, sobre los cuales Belle extendía su edredón azul y blanco. En poco tiempo, Belle transformó las habitaciones del que fuera un apartamento de soltero escasamente amueblado, en un hogar acogedor que ambos podían disfrutar.

Un día, poco después de arreglar y decorar su nuevo hogar, John llamó desde fuera de la casa: «Visitas, Belle», dijo.

Belle miró a su alrededor y sonrió. Todo estaba perfectamente ordenado. El sofá y las sillas de bambú nuevos contrastaban bien con la alfombra marrón, y el edredón que cubría la cama y ocultaba las cajas. Belle estaba emocionada. Llevaba dos semanas en Chengchiang y estos eran sus primeros visitantes. Eran mujeres musulmanas de la localidad y sus hijos a quienes Belle había conocido mientras paseaba. «Bienvenidos», pronunció Belle en su mejor chino cuando subieron las escaleras. Luego les hizo señas para que entraran y se sentaran.

John, que había seguido a las mujeres escaleras arriba, se acercó y empujó las puertas plegables para dar algo de luz a la habitación. Belle se irritó un poco cuando lo hizo. Las habitaciones de arriba no tenían ventanas, solo puertas plegables a cada lado de la habitación que se podían abrir para dejar entrar la luz del sol. El único problema era que cuando se abrían las puertas, quedaba al escrutinio de la calle lo que sucedía en la habitación. En consecuencia, Belle dudaba entre dejar que la luz y el calor del sol entraran a raudales en sus habitaciones o mantener la privacidad frente a los transeúntes que pasaban por allí y se detenían a ver qué estaban haciendo los misioneros extranjeros. Esto hizo que Belle se sintiera como si estuviera expuesta en un zoológico.

Dejando de lado su irritación, Belle sirvió tazas de té verde a las visitantes y habló con ellas en su chino vacilante. Las mujeres prestaban atención a lo que decía Belle y parecían entender bastantes cosas. Belle se relajó. Por fin sintió que estaba avanzando en el negocio de la misión.

Entonces, mientras Belle hablaba, la mujer mayor, sentada en el baúl en la esquina, se sonó la nariz ruidosamente con la mano y procedió a limpiar el limo viscoso en la alfombra de viaje que cubría el baúl. Belle esbozó una sonrisa para disimular la repugnancia que sentía por el acto de la mujer. Luego, una de las jóvenes del grupo puso su bebé con el trasero desnudo sobre la alfombra, se rió y permitió que orinara sobre ella.

Por dentro, Belle quería gritar: «¡Lárguense todas ustedes ahora mismo!». Pero se mordió la lengua y continuó con la visita, aunque su corazón ya no estaba presente.

Cuando las mujeres finalmente se marcharon, Belle inspeccionó el daño. La alfombra de viaje tendría que lavarse y la del suelo enjuagarse y secarse al sol. Y Belle se preguntó cuántas veces se podría hacer esto antes de que se arruinaran. Y luego, recordó las palabras del Sr. Hoste: «Sabes, Belle, si yo tuviera una colcha hermosa, la tiraría al río».

Abatida, Belle comprendió lo que había querido decir el director general. Si iba a proteger sus cosas hermosas de la destrucción, tendría que reprender a los chinos que entraran en su casa o pedirles que no vinieran en absoluto. ¿Cómo podía regañarlos cuando solo se comportaban como lo hacían en sus propias chozas de barro? No, suspiró, no era el pueblo chino el que tenía que cambiar; ella tenía que hacerlo. ¿Quería un hogar abierto a todos los visitantes o un hogar donde los invitados se sintieran extraños y fuera de sí?

Belle sabía la respuesta. Mantendría la alfombra y el edredón mientras duraran, pero no se preocuparía por el trato que les dieran. Y cuando se estropearan los reemplazaría con el mismo tipo de recubrimientos que usaban los pobres chinos. Eso les haría sentirse más cómodos cuando la visitaran.

Una vez superado ese asunto, Belle creyó estarse convirtiendo en una misionera «real», hasta que John y ella fueron invitados a cenar en casa de una pareja cristiana pobre. Era una calurosa tarde cuando se reunieron en torno a la mesa. Las moscas zumbaban en el aire y el hedor de una pocilga cercana inundaba la estancia. Una vez que John y Belle estuvieron sentados, su anfitriona trajo varios platos grades y los colocó sobre la mesa. Naturalmente, uno de ellos contenía arroz, pero otro plato alarmó a Belle. Contenía grandes trozos de tocino de cerdo hervido. El estómago de Belle se revolvió viendo el tocino.

—John, ¿tengo que comer esto? Creo que me hará vomitar —susurró.

Sonriendo a su anfitriona, John tomó un gran trozo de tocino y lo colocó sobre el arroz en su tazón. Al mismo tiempo, susurró a Belle:

—Cuando nuestra anfitriona esté de espaldas, dale tu ración de tocino al amigo que está debajo. —John se refería al perro sarnoso tendido debajo de la mesa.

Belle se metió un poco de arroz en la boca y empezó a masticar. Cuando su anfitriona le dio la espalda, aprovechó el momento para deslizar el tocino debajo de la mesa. El perro se lo tragó con avidez y lamió los dedos de Belle. Ésta dejó escapar un leve suspiro de alivio ante aquella situación, aunque el mismo John parecía disfrutar de su porción de tocino. Belle también estaba segura de que no sería la única vez que le sirvieran tocino de cerdo hervido. John le informó que aquel plato era un alimento básico de los campesinos de la región.

Otro alimento que Belle encontró difícil de digerir fue el tofu o cuajada de frijoles. El tofu parecía una esponja de lana, nunca lo elegiría para agregar a su menú. Yin-chang cocinaba mucho tofu, y Belle trató de comerlo cuando se lo sirvieron. Ella sabía que el empleo de Yin-chang y su esposa le permitía a ella estudiar el idioma chino y a John predicar y trabajar con la pequeña iglesia de Chengchiang.

A medida que pasaban las semanas, Belle se animó a salir al campo y evangelizar en algunas de las aldeas cercanas que nunca habían oído el evangelio. Uno de esos pueblos era Yangtsung, a veintisiete kilómetros de Chengchiang. John propuso ir a predicar en el pueblo y sus alrededores, llevando consigo a Belle, Yin-chang y su esposa, y al Sr. Yang, un converso cristiano de la localidad. Belle aprovechó la oportunidad y el grupo de cinco miembros partió a través de las colinas hacia un valle no muy lejano.

Para llegar a Yangtsung tuvieron que atravesar ondulantes colinas en la provincia de Yunnan. Belle se maravilló con el mosaico de colores esparcidos por el paisaje y se deleitó con la belleza en derredor. Al caer la noche llegaron a su destino.

Por supuesto, no había hotel en Yangtsung; los únicos visitantes que iban a aquel lugar eran familiares de los que allí vivían. En cambio, a la banda misionera se le ofreció una habitación en el piso superior de un antiguo templo. Belle estaba bastante satisfecha con el alojamiento. Lo único que no tenía era privacidad. Belle fue la primera mujer blanca en visitar Yangtsung y los lugareños quedaron cautivados con ella. Se reunían para escuchar su breve sermón y la rodeaban cada vez que salía del templo. Los niños aventureros escalaban edificios cercanos, fisgaban[1] a través de la ventana de su habitación, y contaban a los otros lo que Belle estaba haciendo. Por la noche, cuando ella se acostaba en su petate[2] a dormir, corría la voz y las mujeres del pueblo venían a ver si podían visitarla en la cama. Fue un poco agotador para Belle.

Por el día, John y Belle salían a los campos cercanos para conocer a los campesinos. Yangtsung estaba ubicado al extremo de un estrecho valle. Un lago azul cristalino brillaba bajo el sol en medio del valle, y los arrozales cubrían la mayor parte del terreno. Pequeños enclaves salpicaban el valle, con casas de adobe ubicadas entre altas y exuberantes arboledas de bambú. John, Belle y el Sr. Yang seguían caminando hasta encontrar espacios abiertos cercanos a las casas. Entonces Belle sacaba su guitarra y los tres cantaban canciones en chino. Cuando la gente se arremolinaba, John predicaba un breve sermón en chino y el Sr. Yang daba su testimonio. Cuando terminaban, invitaban a los que habían acudido a escucharles a ir esa noche a Yangtsung, donde celebraban reuniones de evangelización al aire libre. Luego pasaban al siguiente enclave[3] y volvían a hacer lo mismo. De esta manera, durante varios días se abrieron paso a

1 Fisgaban: Del verbo fisgar: Husmear indagando.

2 Petate: Estera de palma, que se usa en varios países para dormir sobre ella.

3 Enclave: Territorio incluido en otro con diferentes características políticas, administrativas, geográficas, etc.

lo largo del valle, predicando el evangelio a los que se encontraban.

No obstante, a medida que transcurría la semana, Belle descubrió que tenía cada vez menos energía. Esto se debía en parte a que Yin-chang solo preparaba tofu y arroz para comer. Belle supuso que eso era lo único que había disponible en Yangtsung, hasta que se levantó temprano una mañana y visitó el mercado. Para su asombro, descubrió rebosantes canastas de tomates, patatas, zanahorias, cebollas, repollo, y todo lo que ella deseaba comer.

Belle se apresuró a volver a su habitación y dijo a John que pidiera a Yin-chang que le preparara un gran plato de verduras frescas para la cena. Pero esa noche se sirvió lo mismo: tofu y arroz. Belle, que no había comido en todo el día en espera de una buena cena preguntó:

—¿No hay nada más en este lugar para comer?

—Nada. No hemos visto nada más en el mercado hoy —respondió la esposa de Yin-chang.

A esas alturas, Belle hervía de frustración. Pero ¿qué habían hecho Yin-chang y su esposa todo el día? Las lágrimas se le saltaron, y al cabo de poco estaba sollozando sobre su almohada. Sabía que parecía una niña con una rabieta, pero a Belle no le importaba. Estaba exhausta, hambrienta y enojada con la ayuda contratada. De repente, en medio de su rabieta, Belle se acordó de Ruth Paxson, cuando viajaba en el Emperatriz de Rusia rumbo a Shanghái desde Canadá. «Cuando lleguen a China, toda la escoria de su naturaleza saldrá a relucir», había dicho Ruth a los misioneros reclutas. Ahora Belle sabía exactamente lo que Ruth había querido decir con esas palabras. No obstante, siguió enrabietada hasta que finalmente se quedó dormida. Se despertó como a la medianoche, con el estómago gruñendo de descontento. John le trajo un poco de arroz con tofu encima y Belle tenía tanta hambre que se lo comió.

A su regreso a Chengchiang, Yin-chang y su esposa fueron aún mayor motivo de frustración para Belle. A pesar de estar bien pagados, parecía que cada día hacían el menor trabajo posible. Y además, se aseguraban de tener lo mejor en casa.

Las cosas llegaron a un punto crítico un día cuando Belle estaba aprendiendo chino en la sala de estar con un profesor de la localidad. Las puertas estaban cerradas, pero un viento frío del norte silbaba por entre las grietas de la puerta plegable. Belle comenzó a temblar, y pensó que era hora de calentar un poco la habitación. Llamó a Yin-chang y le pidió que llenara la nueva estufa portátil con carbón y se la trajera. Como media hora después apareció Yin-chang con una pequeña estufa en la que brillaban dos o tres carbones encendidos.

—¿Dónde está la estufa grande? —preguntó Belle.

—Yin-chang se encogió de hombros, dejó la estufa pequeña y salió de la habitación.

Cuando terminó la clase de chino, Belle decidió llegar al fondo del asunto. John podía tener una actitud relajada para con los sirvientes, ¡pero ella no iba a tolerar que un empleado se encogiera de hombros como si nada!

Belle bajó las escaleras hasta la habitación de Yin-chang y llamó a la puerta. Yin-chang abrió la puerta tímidamente. Mirando por encima de su hombro, Belle vio en la habitación su nueva estufa llena de brasas que ardían brillantemente. Una ola de aire cálido salió de la habitación. Belle se dio media vuelta y se fue antes de explotar de ira.

Ocurrieron otras situaciones similares. La esposa de Yin-chang tomó su bañera y comenzó a usar los artículos de tocador de Belle. Con cada nueva ofensa,

Belle se iba enojando más, hasta que un día le dijo a John que había que despedir a Yin-chang.

John no estuvo de acuerdo. Dijo que era difícil encontrar sirvientes y que Yin-chang hacía muchas cosas bien. Además, le había servido fielmente durante varios años, cuando ambos eran solteros. Ahora Belle estaba furiosa con Yin-chang, con su esposa y con John. Agarró su chal y su sombrero, salió y cerró la puerta.

Belle recorrió varios kilómetros discutiendo consigo misma, inventando conversaciones con John sobre cómo no estaba dispuesta a vivir un día más con un sirviente perezoso. Finalmente, cuando empezó a declinar el día, se detuvo y miró a su alrededor. Estaba en una aldea que nunca había visitado, y muchas personas la miraban con curiosidad. De repente, Belle se dio cuenta de lo inapropiado que era para ella caminar sola al anochecer. Todas las mujeres respetables ya estaban en casa. Se dio media vuelta y se apresuró a regresar por el mismo camino. Mientras caminaba, se calmó lo suficiente como para ser consciente de que esto era más «escoria» que salía a la superficie. No importaba cómo se comportaran Yin-chang y su esposa, ella tenía que admitir que también se había comportado mal. Se preguntó qué pensaría John de ella ahora. Y qué decir de las personas que la habían visto caminar con el ceño fruncido. ¿Qué clase de ejemplo cristiano había sido para ellos? ¡Quizás los vecinos de Chengchiang se estaban riendo del pastor John y de su malhumorada esposa!

Belle se apresuró todo lo que pudo, y logró entrar por la puerta de la ciudad antes de que oscureciera por completo. Subió por la calle adoquinada hasta su casa. John sintió alivio al verla, pero no dijo mucho.

Esa noche, después de leer la Biblia y orar juntos, John se volvió hacia Belle.

—Si Yin-chang y su esposa te molestan tanto, puedes despedirlos. Pero debo decirte que será difícil reemplazarlos.

Belle notó que su cuerpo se liberaba de la tensión.

—Muchas gracias —respondió—. Prefiero hacer el trabajo yo misma a depender de un sirviente perezoso. Y estoy segura de que el Señor nos enviará a alguien mejor.

A la iglesia de Chengchiang no le pareció bien que Belle hubiera despedido a Yin-chang y su esposa.

—Hay peores pecados que ser flojo —le dijo uno de los diáconos.

Pero Belle se alegró bastante de tener la casa para ella sola, hasta que se dio cuenta del trabajo que suponía regatear el precio de la carne y las verduras todas las mañanas en el mercado, acarrear agua desde el pozo del pueblo para lavar la ropa, plancharla con una plancha de carbón, y equilibrar las ollas en el fuego para que todo se cocinara uniformemente sin que hirviera o se volcara.

Al poco tiempo, preguntaron a John y Belle si querían contratar a otro sirviente, esta vez una mujer que había sido abandonada por su esposo con solo la ropa que llevaba puesta. Acordaron contratar a la mujer, que demostró ser leal y trabajadora. Cocinaba verduras todos los días y lavaba la ropa en la mitad del tiempo que lo hacía Belle.

Belle se alegró de poder volver a estudiar el idioma a tiempo completo. Todavía tenía un largo trecho que recorrer antes de hablar chino con fluidez, pero ya entendía mucho mejor lo que se hablaba a su alrededor.

John y Belle habían servido en Chengchiang durante casi seis meses y, aunque ella estaba contenta, también se sentía inquieta. Ya habían pasado más de siete años desde que oyera hablar del pueblo lisu y se comprometiera a servirles. Desde luego, estaba en China, pero el pueblo lisu aún le parecía muy lejano. Comenzó a preguntarse cuándo la Misión al Interior de China les enviaría a trabajar entre los lisu.

De pronto, un día, John volvió de una reunión con James Fraser en Kunming. Tenía un rostro muy jovial.

—¡Nos dirigimos hacia el oeste! —exclamó.

—¿Hacia los lisu? —inquirió Belle.

—No, no tan lejos —respondió John—. Pregunté a James si podían destinarnos allí, pero le preocupa que tu salud sea demasiado delicada. Pero me dijo que necesitan una pareja para hacerse cargo de la obra en la antigua ciudad de Tali. La casa de la CIM ha estado vacante durante un año y la pequeña iglesia de la ciudad necesita aliento y liderazgo.

Belle se abrazó a John con fuerza.

—Puede que no sea territorio lisu, pero está mucho más cerca. ¡Incluso podríamos hacer una excursión misionera a los lisu! —Era la mejor noticia que Belle había oído en mucho tiempo y comenzó a empacar de inmediato. No es que hubiera mucho que empacar. Dejó atrás sus bonitos muebles y se comprometió a comprar muebles más resistentes y más fáciles de limpiar cuando llegaran a la nueva casa.

Las lágrimas rodaron por sus mejillas cuando Belle cruzó las puertas de Chengchiang por última vez. Seis meses antes, cuando las franqueó por primera vez, era una ingenua novia misionera. Pero en el tiempo vivido en Chengchiang, había aprendido mucho. Los líderes de la iglesia local habían sido pacientes con ella mientras se adaptaba a las dificultades de la vida misionera. A los veintiocho años de edad, Belle sintió que estaba lista para dar el siguiente paso en su llamado misional.

Capítulo 10

Desafíos

Belle se preparó para el desafiante viaje de diez días a Tali, que se completaría a pie, a caballo y en una silla de manos. Por el camino, ella, John y el equipo de culis[1] que les ayudaron a mudarse planearon albergarse en posadas locales, ya que no había otros alojamientos. A Belle le encantaba la libertad que proporcionaba el viaje para compartir el evangelio con gente que nunca antes había oído el mensaje, pero temía pasar las noches en las posadas.

Por un lado, las posadas eran muy ruidosas; hombres, mujeres y niños, con su ganado menor, se acostaban juntos en una o dos salas comunes. Los gallos cantaban toda la noche y los inevitables piojos y chinches se movían de un cuerpo a otro. Algunos viajeros se levantaban temprano, mientras que otros llegaban tarde, lo que dificultaba el sueño reparador. Lo peor de todo, por lo que a Belle se refería, eran las condiciones

1 Culis: En la India, China y otros países de Oriente, trabajador o criado indígena.

inmundas. Una capa de hollín lo cubría todo, incluso las paredes y el piso, y las gallinas buscaban comida debajo de la mesa.

Aun así, como cada noche que pasaban en una posada estaban más cerca de su nuevo hogar, Belle se acostumbró a soportar las condiciones, es decir, hasta la tercera noche, cuando experimentó los calambres estomacales más intensos que jamás había tenido. Entonces empezó a vomitar. Sabía que no podía continuar viajando.

Afortunadamente, el grupo se encontraba cerca del pueblo de Tsuhsiang, donde vivían una misionera estadounidense y una enfermera china, la señorita Ling. Belle perdía y recuperaba el conocimiento cuando John la condujo al recinto de la misión. La acostaron en una cama cómoda y le dieron agua y miel hervida con una cuchara. Belle oyó a la enfermera Ling decir:

—Seguro que es disentería. He atendido muchos casos en Shanghái, pero éste es el peor que he visto.

La palabra se quedó grabada en su mente. Disentería: miles de chinos y muchos extranjeros morían cada año a causa de enfermedades causadas por agua o alimentos contaminados. Trató de recordar lo que había comido en la última posada, pero requería demasiado esfuerzo.

Belle no murió a causa de la enfermedad, aunque estuvo gravemente enferma dos semanas antes de empezar a sentirse un poco mejor. Nunca en su vida había estado tan agradecida por las galletas saladas Ritz y la sopa de tomate enlatada, que la misionera estadounidense compartió de buena gana con ella.

En total, pasaron tres semanas antes de que el grupo pudiera reanudar su viaje. Esta vez avanzaron más lentamente para que Belle pudiera mantener el ritmo. A veces, tenía energía para admirar las hermosas montañas de la provincia de Yunnan, aunque la mayor parte del tiempo se aferraba al costado de su silla de manos, transportada por dos culis, y contemplaba el camino rocoso por el que transitaban.

Cuanto más viajaban, más interesante se volvía el paisaje. Tali se hallaba en una comarca particularmente primitiva de China, donde se había extraído el mejor mármol del país durante miles de años. Las casas de la zona eran de ladrillo y tenían bonitos patios llenos de verdor y árboles frutales que prosperaban en un clima templado.

Cuando llegaron a Tali, Belle había agotado hasta su última gota de energía. No tenía fuerzas para cubrir los últimos cincuenta metros hasta el recinto de la CIM, su nuevo hogar. De modo que John tomó en sus brazos su delgado cuerpo, lo levantó y lo llevó en volandas[2] durante el último tramo del viaje. Como la casa no tenía muebles, porque los culis aún no habían llegado con sus pertenencias, John acostó a Belle sobre el piso de mármol. Había sido un viaje muy difícil desde Chengchiang, estando Belle a punto de morir en el camino, pero yaciendo en el piso de mármol, dio gracias a Dios por acercarse al sueño de alcanzar al pueblo lisu.

Poco después de su llegada a Tali, un toque en la puerta llamó la atención de Belle, aunque estaba demasiado débil para levantarse a abrir. El visitante resultó ser el pastor Li, guía de la iglesia local. Belle se dio cuenta de lo poco convencional que era estar acostada en el suelo, junto a la entrada, pero no había nada que pudiera hacer al respecto.

El pastor Li volvió en seguida con mantas y comida caliente, lo que ayudó a Belle a recobrar fuerzas.

2 Volandas: Por el aire o levantado del suelo y como que va volando. Rápidamente, en un instante.

Mientras Belle se recuperaba, John inspeccionó el complejo de la misión y trajo noticias estupendas. ¡Tenía habitaciones de sobra! El pastor Li vivía en la parte delantera; los Kuhn compartirían la parte trasera: seis habitaciones que rodeaban un césped bien cuidado y un enorme jardín, con ciruelos y melocotoneros en flor. Después de vivir a la vista de los viandantes en Chengchiang, Belle iba a tener por fin algo de privacidad, y también verduras frescas.

John y Belle tenían roles muy diferentes que desempeñar en Tali. La Misión al Interior de China había hecho un llamado para que doscientos nuevos obreros se incorporaran como voluntarios en los próximos dos años, y James Fraser se preocupaba, más que nada, de que estos misioneros reclutas tuvieran una primera experiencia positiva en China. Planeaba enviar a muchos a Tali para recibir orientación cultural y lingüística con John y Belle. No solo eso, sino que Tali estaba en una ruta muy transitada, y se previno a la pareja que podían esperar muchos visitantes adicionales de camino hacia y desde las áreas más remotas de la provincia.

Al estar más cerca del territorio lisu, Belle ansiaba recibir visitantes que tuvieran noticias del trabajo de la CIM entre ellos. Como James no había vuelto a laborar con los lisu, un matrimonio, Allyn y Leila Cooke, fueron enviados a vivir y trabajar con ellos. Los Cooke laboraron arduamente para apacentar a las iglesias lisu a lo largo del valle del río Salween. Dos iglesias estaban ubicadas como a una semana de distancia. Belle oraba por los Cooke todos los días y anhelaba conocerlos en persona.

Antes de acabar de instalarse en su nuevo hogar, Belle volvió a sentirse enferma. Esta vez, sin embargo, fue por una razón feliz: esperaba un bebé. Pero representaba un problema para John y Belle. El médico occidental más cercano trabajaba en el hospital de Kunming, a catorce días de viaje. Para dar a luz en Kunming y ser atendida por un médico occidental, y hacer el viaje con seguridad, tendría que dejar atrás Tali cuando tuviera unos seis meses de embarazo. Belle se estremeció ante la idea de tener que hospedarse en las sucias y oscuras posadas camino al hospital, y luego posar en ellas con un bebé recién nacido en el viaje de regreso. Al final decidió que no podía hacer tal cosa, tenía que haber una mejor solución. Entonces se acordó de la enfermera Ling, en Tsuhsiang, que la había cuidado cuando padeció disentería. Belle recordó que la enfermera Ling le había dicho que se había formado como partera con un médico inglés en Shanghái. Tal vez podría persuadirla para que viniera a Tali una vez que se acercara la fecha del parto.

John escribió una carta a la enfermera Ling y después de una larga espera recibió respuesta. La enfermera Ling dijo que estaría encantada de venir y ayudar en el parto, y que traería su libro de texto sobre partos difíciles por si acaso lo necesitaba. Belle sabía que la enfermera Ling intentaba que estuviera relajada, pero la idea de las dificultades del parto la ponía nerviosa. Se puso aún más nerviosa cuando finalmente llegó la enfermera Ling y le mostró varias páginas de diagramas horribles de distintos partos. Belle oró más intensamente cuando fue consciente de cuán pocas esposas misioneras daban a luz en lugares tan remotos.

Los temores que Belle pudiera haber tenido acerca de dar a luz en un lugar tan remoto no se hicieron realidad, y el 10 de abril de 1931 nació Kathryn Ann Kuhn. También se le puso el nombre Hong-En, que en chino significa «gran gracia». Kathryn era una niña sana y feliz, con el pelo negro y los ojos color avellana de Belle.

La mayoría de los vecinos de Tali nunca habían visto un bebé blanco, con lo que hubo un flujo constante de visitantes a la casa para ver a Kathryn y pellizcarle las mejillas para darle buena suerte.

Durante el año y medio siguiente, John y Belle trabajaron arduamente en las tareas de la misión. Muchos misioneros nuevos se establecieron en la zona, y John era responsable de buscar y negociar su alojamiento y ayudarles a establecer una comunidad cristiana. El trabajo era difícil, pero le sentaba bien a John. Era uno de los que con más fluidez hablaban chino en la Misión al Interior de China y le encantaba emprender largas caminatas a través de las montañas para acompañar a los nuevos misioneros a sus puestos.

A fines de 1932, John y Belle recibieron una carta de James Fraser pidiéndoles que se mudaran más al oeste para abrir obra en el valle de Yungping. El corazón de Belle saltó de alegría cuando oyó la noticia. Este era un paso más hacia los lisu, pero John se sintió abatido. Había visitado Yungping y descrito el lugar como un pequeño valle de mayoría musulmana. De todos los grupos culturales que poblaban China, solía considerarse que los musulmanes eran los más difíciles de evangelizar con el mensaje del evangelio. Aun así, John y Belle confiaron en el juicio de James y acordaron cambiar su hermoso hogar y su próspero ministerio en Tali por una casa sucia y en ruinas en el pueblo de Old Market, situado en el extremo norte del valle de Yungping.

John alquiló una casa para la familia en Old Market, junto al río. La casa constaba de tres alas colocadas alrededor de un patio, con una pared de ladrillos desmoronada frente al río. Se contrató a un carpintero para poner pisos de madera en la casa, reparar el techo y fortalecer las paredes. Belle y una ayudante china se pusieron a trabajar limpiando y quitando años de suciedad acumulada. Finalmente todo estuvo listo y los Kuhn se mudaron a su nuevo hogar.

No mucho después de que John, Belle y Kathryn Ann se mudaran a la casa, una delegación de budistas del pueblo vino a visitarles. John los invitó a entrar y sentarse.

—Hemos notado que ustedes no beben alcohol ni fuman tabaco —se explicó el líder del grupo—. En consecuencia, hemos decidido que una iglesia cristiana sería una buena influencia para nuestro pueblo. De modo que estamos dispuestos a ayudarles en lo que podamos.

Belle miró a John. Adivinó que él estaba tan sorprendido como ella por este lance. No se lo esperaban.

—Gracias por su amable oferta —dijo John—. Luego les habló de Jesucristo y del evangelio.

Los miembros de la delegación sonrieron y asintieron mientras hablaba.

—Sí, el cristianismo es una buena religión moral —intervino el líder del grupo—. El budismo y sus ídolos están pasados de moda.

Las cosas fueron bien hasta que John dijo:

—Como cristianos, no pueden adorar a ningún otro dios excepto al Dios de la Biblia, ni siquiera a sus antepasados.

Llegados a este punto, las sonrisas se desvanecieron de sus rostros.

—Pero no puede esperar que hagamos eso. Siempre hemos adorado a nuestros antepasados —respondió otro miembro de la delegación.

—Entonces no pueden ser cristianos hasta que estén dispuestos a hacerlo —respondió John con firmeza, pero cortésmente—. Gracias por venir a visitarnos. Pueden volver cuando quieran para conversar más acerca de lo que hemos estado hablando.

—Satanás intentará primero cooperar con nosotros. La persecución es solo su segundo método —dijo John a Belle después que la delegación salió de la casa.

—Lo sé —respondió Belle—. Nuestro ministerio aquí será un desafío.

Y efectivamente, lo fue. Belle dibujó un mapa y visitó todas las aldeas del valle. Las mujeres prestaban más atención que los hombres, pero eran analfabetas y parecían tener poca idea de lo que les estaba hablando. ¿Cómo iban a poder?, se cuestionó Belle, ya que la mayoría de ellas nunca habían escalado los montes que rodeaban su valle y tenían poca idea de cómo era el resto del mundo. A pesar de los esfuerzos de John y Belle, hubo pocos conversos, ya fueran musulmanes o budistas, y nunca los suficientes para formar el núcleo de una comunidad eclesiástica próspera.

A pesar de los desafíos, el tiempo que los Kuhn residieron en el valle de Yungping pasó volando. Kathryn se adaptó a las nuevas condiciones y se convirtió en una curiosa niña de dos años. Sin embargo, Belle no pudo evitar sentirse aislada viviendo en el valle de Yungping. Se mostró agradecida cuando otros misioneros de la CIM vinieron a ayudarles. Y se alegró en agosto de 1933, cuando llegaron dos misioneras a vivir con ellos. Belle dio la bienvenida a su compañía por otra razón. Durante algún tiempo, John había querido explorar una comarca al norte en busca de posibles puntos de misión, y Belle descubrió que estaba embarazada. Con la llegada de las nuevas misioneras, John pudo emprender su aventura sabiendo que Belle y Kathryn tenían ayuda en casa.

El plan habría funcionado bien a no ser por las lluvias inusitadamente intensas que cayeron ese verano. Casi sin previo aviso, el río Yungping se desbordó e inundó el piso inferior de la casa de los Kuhn. Las tres mujeres subieron la mayor cantidad de muebles y objetos personales que pudieron. Fue una carrera contra la crecida del río, y con las prisas, Belle no pensó mucho en su embarazo. Esa noche, mientras Kathryn yacía acurrucada a su lado, Belle sintió que comenzaban los calambres. Las lágrimas rodaron por sus mejillas y mojaron su almohada. Sabía que estaba perdiendo a su bebé.

Fue un tiempo difícil para Belle. John estaba lejos y muchas pertenencias de la familia se estropearon en la inundación. Pero, sobre todo, Belle lamentaba que la esperanza de una nueva vida se hubiera truncado. Se esforzó por mantenerse alegre por el bien de las personas que la acompañaban, pero se sintió abatida.

Tres semanas después de que Belle sufriera el aborto, John llegó a casa y se enteró de la triste noticia. Trató de consolar a su esposa.

—Dios debe tener algún propósito —le dijo—. Oremos y preguntémosle qué bien puede surgir de esta situación.

Belle asintió. Intentó verlo desde un lado positivo, aunque no pudo descubrirlo.

Un día después de llegar John a casa, una caravana de mulas que pasaba dejó una carta de James Fraser. «Quiero que oren por un problema difícil» —leyó Belle a John una carta que decía que la situación en el pueblo lisu había llegado a un punto crítico—. Las iglesias están siendo perseguidas porque se han negado a cultivar opio para el señor de la guerra del lugar. El señor de la guerra ha amenazado con aniquilar las iglesias como represalia, por lo que Allyn y Leila Cooke se han separado para que cada agrupación de iglesia tenga un misionero que haga de amortiguador entre ellos y el señor de la guerra. Fue un acto de valentía, pero como señaló James, no una solución permanente. Alguien tenía que unirse a ellos para proteger a las iglesias locales, pero ¿quién? James concluyó su carta pidiendo a John y Belle si podían pensar en alguien que pudiera ir, ya fuera de manera temporal o permanente.

Belle miró a John. El corazón le latía con fuerza. Pensó en una solución maravillosa. Ella y John podrían ir al pueblo lisu y hacerse cargo de uno de los lugares. Esto habría sido imposible con un bebé recién nacido, pero no ahora.

John también se emocionó y escribió a James, preguntándole si Belle y él podrían ser asignados al valle del río Salween, donde vivían los lisu. Los días se alargaron mientras Belle esperaba una respuesta, y cuando finalmente llegó, no fueron las buenas noticias que esperaba. Pero al menos era un pie en la puerta.

James sugirió que John y Belle visitaran a Leila Cooke. Luego, John podría evaluar la evolución de la situación del opio, hablar con algunos funcionarios locales, y Belle podría pasar tiempo con Leila y decidir si ella podría soportar una existencia tan dura.

Cuando Belle terminó de leer la carta, dejó escapar un grito de alegría. Habían pasado diez años desde que por primera vez oyera el llamado a servir entre el pueblo lisu y, finalmente, estaba en camino a su territorio.

Capítulo 11

Lisulandia

—Tardaremos diez días en llegar. Podemos pasar un mes con Leila espiando la tierra, y después otros diez días en regresar —dijo John a Belle.

—Ya no puedo esperar más —respondió Belle—. ¡Hace diez años que espero hacer este viaje! —John asintió.

Belle sabía que John también estaba deseoso de vivir con el pueblo lisu, aunque a lo largo de los años no había tenido el mismo enfoque hacia ellos.

La única dificultad del plan para Belle estribaba en la idea de dejar atrás a Kathryn, de tres años, con dos misioneras. Belle sabía que cuidarían bien a su hija y que no sería prudente llevar a Kathryn con ellos hasta comprobar cuán difícil sería convivir con el pueblo lisu.

Finalmente, a primeros de marzo de 1934, John y Belle se despidieron de su hija y emprendieron viaje con varios cristianos de la localidad. Era primavera y la abundancia de rododendros silvestres rojos y morados hacía las delicias de Belle. Qué contraste la de estas flores brillantes con las posadas sucias y sin ventilación en las que se alojaban cada noche. Como de costumbre, la comida fue una dura prueba para Belle, y dos días después de emprender la ruta se debilitó con disentería, pero se negó a interrumpir el viaje. «Es más probable que me recupere a lomos de la mula Jasper, insistió, que en una de esas posadas». Rogó por la concentración necesaria para sostener las riendas y mantener el equilibrio sobre el lomo de la mula. Subieron y bajaron empinadas pendientes, en tanto John consultaba alegremente un tosco mapa de la región y anunciaba a voz en grito la altitud de los montes que escalaban.

—Casi dos mil quinientos metros. Magnífico, ¿no? y tres mil seiscientos cincuenta de altitud. ¡Imagínate, Belle, estamos en el techo del mundo! —Belle intentó sumarse al espíritu del viaje, aunque era obvio que John era un escalador nato y ella no.

Ocho días y muchos senderos en zigzag después, John y Belle descendieron al valle del río Salween y llegaron a una pequeña ciudad comercial llamada Luku, que significa «seis tesoros». Luku estaba ubicada junto al río Salween y era puerta de entrada a las tierras de los lisu. Los montes que se alzaban más allá de la ciudad, que circundaban gran parte del territorio lisu, estaban inmersos en el feudalismo. Tres señores de la guerra vivían en Luku y controlaban los campos de alrededor. Los que vivían en el territorio estaban obligados a prestar lealtad a los señores de la guerra y pagarles impuestos.

Esa noche, uno de los señores de la guerra invitó a John y Belle a cenar con él en su yamen, o casa oficial. Se deleitó mostrando a los dos misioneros su hogar encastillado, escondites de armas y varias fortificaciones. Mientras cenaban, el señor de la guerra les habló de la tierra que controlaba y las personas que vivían allí; del dinero que había ganado con las minas de sal, ubicadas en lo profundo del valle del río Salween y de un impuesto sobre los cultivos de la gente. Entre ellos estaba el opio. Cuando llegó el momento de describir al pueblo lisu, dijo: «Ah, los lisu, son como animales. Allá en lo alto de los montes, solo sirven para la agricultura y para pagar impuestos. Los llamamos "Gente Mono"».

¡Animales! ¡Gente Mono! La caracterización que hizo el señor de la guerra de los lisu sorprendió a Belle. Para ella, los lisu eran como ovejas perdidas que necesitaban desesperadamente oír el mensaje del evangelio de esperanza, amor y perdón. Esa misma noche, John llevó a Belle a dar un paseo junto al río. Cuando llegaron a una pequeña elevación, se detuvieron a contemplar el río Salween. Podían distinguir la silueta de las montañas que se alzaban como torres negras desde la orilla del agua y desaparecían en el cielo.

—¿Ves esos puntos luminosos allá en lo alto de las montañas? —dijo John.

—Sí —respondió Belle, entornando los ojos en la oscuridad.

—Son hogueras de las aldeas lisu. Ahora estás en Lisulandia.

Un escalofrío recorrió la columna vertebral de Belle cuando fue consciente de ello. Después de tantos años, se encontraba al borde del territorio lisu.

A temprana hora del día siguiente, John y Belle partieron en busca de su primera aldea lisu. Las montañas de Lisulandia eran incluso más empinadas que las que ya habían cruzado para acceder al valle del río Salween. Cuando llegaron a la cima de la cordillera, Belle divisó muchos kilómetros a la redonda. La escena que se extendía ante ella le recordaba varios pliegues de terciopelo azul y marrón apretados hasta que se volvían paralelos. Cada cresta de montaña cubierta de pinos se elevaba casi en línea recta. Y por el valle, en el fondo de cada pliegue, fluía un río helado, procedente de las tierras altas del Tíbet. A veces, a Belle le parecía que podía tocar la cima de la siguiente cresta. También parecía casi posible tender un largo puente entre las cimas de las montañas, pero, por desgracia, no había ningún puente. La única forma de viajar era subir por una ladera y bajar por la otra, cruzar el río, y seguir en línea recta hasta la siguiente cresta montañosa.

A mediodía llegaron a la primera aldea lisu. Belle se quedó atónita observando a su alrededor. La aldea era tal como James la había descrito diez años antes en The Firs, en Bellingham, Washington. Solo que esta vez Belle no veía la aldea en su imaginación sino con sus propios ojos.

Los aldeanos dieron una calurosa bienvenida a la pareja y les invitaron a comer en una chabola[1]. Aunque John y Belle no hablaban lisu, algunos lugareños que habían contactado con el «exterior» hablaban algo de chino, por lo que pudieron comunicarse lo suficiente como para descubrir que la familia con la que estaban comiendo se había convertido al cristianismo por mediación de James.

La casa que hospedó a John y Belle consistía en una habitación colocada sobre fuertes postes de madera excavados en la ladera del monte, de modo que la parte trasera de la vivienda estaba asentada sobre la ladera, la parte delantera sobresalía en el vacío y la empinada ladera caía hacia abajo. El piso consistía de listones de madera y bambú tejido. El techo, de listones colocados sobre vigas y sostenidos por grandes

1 Chabola: Cabaña (‖ construcción rústica).

troncos de pino, y las paredes, tejidas con bambú. El ganado y las gallinas estaban recogidos debajo de la casa. Todo le pareció un poco precario a Belle, más aún cuando se enteró de que no se había usado ni un clavo para construir la casa. Tiras de dura corteza de árbol lo mantenían todo unido. Belle se preguntó si los nudos se desharían alguna vez. Si así fuera, seguramente la casa se derrumbaría y rodaría por la ladera del monte hasta el fondo del río. No obstante, Belle se mostró muy agradecida por la hospitalidad que la familia lisu les estaba dispensando.

Cuando acabó la comida de maíz y chicharrones, Belle ansiaba proseguir el viaje para encontrarse con Leila. El pueblo de Leila, Pine Mountain, estaba ubicado en la ladera de la siguiente cordillera, a menos de cinco horas de camino.

El sol vespertino proyectaba sombras alargadas cuando Belle dobló un afloramiento rocoso y divisó tres cabañas. Se corazón se aceleró. Seguramente una de ellas pertenecía a Leila. De repente se sintió presa de una ola de timidez. Nunca había tenido un encuentro con Leila, veterana misionera y destacada autora de la CIM.

Era obvio que John también había estado pensando en su primer encuentro. Se volvió hacia ella y le dijo:

—Recuerda, querida, ¡Ya sabes cómo te gusta hablar! Procura no exagerar.

Belle asintió. Pensaba lo mismo. No estaría bien parlotear como una colegiala nerviosa en su primer encuentro con Leila Cooke.

Belle no tenía que haberse preocupado. A Leila le encantó recibir a los cansados visitantes en su choza lisu tradicional, muy parecida al lugar donde habían almorzado. Mientras les servía panecillos caseros y té verde, les comentó que había pasado casi un año desde que viera a una compañera blanca, y tenía muchas cosas de qué hablar.

En pocas horas, Belle sintió que ambas eran viejas amigas. Leila contó a Belle muchas cosas sobre el pueblo lisu. Le explicó que había dos grupos distintos: los lisus «negros», llamados así porque vestían colores oscuros, sin adornos; y los lisus «floridos», que vestían ropas «floridas», tejidas en colores y bordados brillantes. En la comarca de Pine Mountain vivían los lisus negros.

James primero llegó y evangelizó a los lisus floridos en el sur de Lisulandia, donde había establecido pequeños grupos de iglesia en las diversas aldeas esparcidas por la zona. Las iglesias se habían establecido como entidades independientes y autosuficientes. Un pastor y un grupo de diáconos dirigían cada iglesia, y muchas congregaciones habían apoyado a los evangelistas que viajaban por los contornos para predicar el evangelio. Allyn y Leila Cooke habían sucedido a James Fraser como supervisores de la obra entre los lisu. Poco a poco, debido en gran medida al esfuerzo de los evangelistas lisu, la obra se había extendido y se habían establecido iglesias en la zona donde ahora vivía Leila.

A lo largo de los años, los evangelistas habían difundido el evangelio por la comarca cercana a Luda, que abarcaba un peligroso viaje de una semana río arriba por el cañón del Salween. Allyn Cooke ahora residía allí y supervisaba la próspera obra cristiana. Leila tuvo cuidado de señalar que las iglesias de toda la zona seguían el patrón que James había establecido. Eran independientes, autosuficientes y auto-reproductoras. El trabajo del misionero no consistía en dirigir o apoyar económicamente a las iglesias, sino en animar a los cristianos locales en su fe y guiar a los líderes de la iglesia.

Después de retirar los platos de la cena, los cristianos lisu se dirigieron a la cabaña de Leila. La escena hizo que a Belle se le saltaran las lágrimas. El grupo estaba compuesto por hombres, mujeres y niños que habían escuchado y aceptado el evangelio y aprendido a leer y escribir. Todos estaban en cuclillas en el piso de la cabaña, cantando himnos y escuchando atentamente mientras se leían pasajes de la Biblia. En sus años en China, Belle nunca había visto tanta franqueza.

Los días siguientes confirmaron la opinión que Belle tenía sobre los lisu. Aunque un gran porcentaje de población lisu no era cristiana, los creyentes eran alegres y amorosos y estaban dispuestos a compartir su fe y vivirla delante de los demás.

Belle tuvo la oportunidad de pasar tiempo con varios líderes nativos de la iglesia y, aunque no podía hablar su idioma, Leila le contó sus historias.

—Ese hombre ahí —dijo, señalando con la cabeza al hombre que estaba en cuclillas en la esquina de la sala... Belle le miró y sonrió.

—Ese es Me-do-me-pa —dijo Leila—. Es el líder en Oak Flat, un evangelista y un buen predicador. Predicó en el pueblo de Horse Grass Level. Hace varios años, el señor de la guerra lo golpeó brutalmente por ser cristiano. Pero sobrevivió a la terrible experiencia, y gracias a él, la iglesia en la zona es más fuerte que nunca.

John y Belle quedaron profundamente conmovidos por la historia de aquel hombre. Pero tres hombres que llegaron a la cabaña de Leila en la mañana temprano del quinto día calaron en la imaginación de Belle como ningún otro. Vestían pantalones blancos sueltos y jubón[2], y se cubrían la cabeza con turbantes rojos brillantes. A estas alturas, Belle conocía

2 Jubón: Vestidura que cubría desde los hombros hasta la cintura, ceñida y ajustada al cuerpo.

lo suficiente la vestimenta de los lisu como para darse cuenta de que debían ser lisus floridos, ya que no usaban los turbantes azul marino de los lisu de la zona.

Leila les ofreció taburetes para sentarse, pero los hombres prefirieron agacharse sobre la estera de bambú. Leila y ellos se enfrascaron en una conversación en lisu mientras John y Belle observaban sentados. Ésta notó que el rostro de Leila se iluminaba mientras hablaban. Finalmente, Leila se volvió hacia John y Belle y les dijo en inglés:

—Este es Mark y sus dos amigos. Son de Goo-moo, Birmania, se encuentra a gran distancia, al otro lado de las montañas. Han viajado durante siete días hasta llegar aquí y han soportado nevadas y muy mal tiempo.

Belle preguntó a Leila qué hacían los hombres tan lejos de casa.

—Han venido en nombre de su pueblo a buscar un maestro que pueda ir a hablarles de Jesús. La primera vez que escucharon hablar de Jesús fue hace once años y han intentado seguir sus caminos. Pero la gente no tiene libros para leer ni maestro que les enseñe su doctrina. Cuando supieron que los cristianos lisu del otro lado de las montañas tenían libros y maestros que les hablaban de Jesús, decidieron enviar esta delegación a través de las cordilleras para buscar un maestro que volviera con ellos. Dos grupos lo intentaron y fallaron, pero estos tres hombres lo han logrado. Fue un viaje peligroso, pero aquí están, y dicen que no volverán a casa hasta que hayan encontrado un maestro que los acompañe.

Un escalofrío sacudió la espina dorsal de Belle cuando escuchó su historia. Belle miró a John y se dio cuenta de que él sentía lo mismo.

Leila dejó escapar un suspiro y dijo:

—Ojalá tuviéramos un maestro para enviar con ellos. Simón podría servir, pero no volverá hasta dentro de un mes. Les he dicho que en este momento no tenemos ningún maestro para enviarles y ellos dicen que se quedarán y esperarán hasta que tengamos a alguien que pueda acompañarles. Mientras tanto, quieren estudiar la Biblia con Moisés.

Los tres hombres se pusieron de pie y siguieron a Moisés, pastor de la iglesia de Pine Mountain, hasta la puerta.

La mañana siguiente, Leila anunció que se marchaba. Estando John y Belle en Pine Mountain, había decidido emprender un viaje de seis días hasta Luda, al norte, para reunirse con su esposo, que supervisaba las iglesias en esa zona. Pidió a Moisés que los cuidara mientras ella estaba ausente y que actuara de intérprete, ya que él hablaba chino.

Belle se sintió un poco anonadada por la responsabilidad que Leila les imponía a John y a ella, y se sorprendió cuando agregó casualmente antes de irse:

—Por cierto, Grace, la esposa de Moisés, espera un bebé en cualquier momento. Prometí ayudarla, pero si el bebé llega antes que yo, tendrán que hacerse cargo.

El estómago de Belle se revolvió. No era enfermera, estaba segura de eso. La visión de la sangre le causaba aprensión.

—Oh —respondió ella—, no podría hacerlo. Nunca he visto nacer un bebé, no tengo idea de lo que hay que hacer. —Leila sonrió y palmeó la mano de Belle.

—Yo tampoco he sido instruida, pero tienes una hija, ¿no? Debes saber qué esperar. —Belle negó con la cabeza.

—¡No tomé notas cuando nació Kathryn!

Leila señaló un par de libros en el estante.

—Échales un vistazo. Te ayudarán. De todos modos, si algo sucede al bebé, no te angusties demasiado ni creas que es culpa tuya. Todos los bebés de Grace han nacido muertos. Da lo mejor de ti. Sin embargo, sería maravilloso que Moisés tuviera un hijo que viviera.

Belle se quedó estupefacta cuando Leila se despidió dándole un beso en la mejilla y partió con dos guías. En buen lío me he metido, se dijo Belle mientras observaba a Leila alejarse por el sendero.

Dos días después, cuando Leila estaba demasiado lejos como para ir a llamarla, Grace se puso de parto. Belle estudió detenidamente los libros de medicina para tratar de descubrir qué debía hacer. Los libros eran exactamente igual de aterradores que los que la enfermera Ling había traído cuando vino a ayudarla en el parto de Kathryn. Las imágenes hacían a Belle retorcerse.

El parto de Grace duró un día, una noche y un segundo día. Cuando llegó la noche, tanto Moisés como Belle estaban exhaustos.

—¿Qué pasaría si el bebé no naciera? —preguntó Moisés abatido.

Belle consultó una vez más los libros de medicina, aunque ya sabía que no ofrecían ningún consejo sobre cómo acelerar un parto. Cerró los ojos y oró para obtener fuerzas para continuar, deseando que el médico más cercano estuviera a menos de dos semanas de viaje.

El destino de Grace y el de su bebé estaban en las manos de Dios y de Belle, y ella oró fervientemente pidiendo sabiduría para actuar. Luego, recordó haber leído en algún lugar que la quinina podría acelerar el parto. ¿O tal vez no? Cuanto más pensaba en ello, menos segura estaba de haberlo leído. No obstante, había quinina en el botiquín. ¿Debía suministrar algo a Grace?

Habló con Moisés al respecto y ambos oraron pidiendo la dirección de Dios.

—Sigamos adelante —dijo Moisés cuando terminaron de orar.

—Siento que Dios nos está indicando que lo hagamos —respondió Belle—. Así que, como estamos de acuerdo, le daré quinina.

Con manos temblorosas, Belle dio a Grace dos granos de quinina y esperó. No pasó nada, con que volvió a su choza a descansar.

—Venga a buscarme si hay algún cambio —dijo a Moisés cuando se iba.

A medianoche Moisés llamó al costado de la casa.

—Por favor, venga —espetó con urgencia.

Belle se levantó de un salto. Como se había acostado vestida, salió corriendo y subió la colina detrás de Moisés. Cuando llegó a la choza poco iluminada, alumbró a Grace con la linterna, justo a tiempo para ver al recién nacido. El bebé no hizo ningún sonido.

—Está muerto, como los otros —se lamentó Moisés.

El corazón de Belle desfalleció. ¿Había matado al niño con la quinina?

—¡Waaa! —El lloro brotó de la pila de trapos acumulados en el suelo. Belle levantó al bebé. Era una niña, y estaba muy viva.

Belle cortó el cordón umbilical mientras Moisés daba gritos de alegría. Cuando terminó, Moisés quitó la niña a Belle y dio gracias a Dios por darle por fin un bebé vivo. Belle elevó su propia oración de agradecimiento. Fue una experiencia que no querría repetir.

La pequeña Esther, como Moisés y Grace llamaron a su hija, se fortalecía cada día, y él empezó a llevarla a todas partes, y a mostrársela a cualquiera que se tomara el tiempo de admirar el pequeño bulto en sus brazos.

El resto del mes con los lisu de Pine Mountain pasó volando y, para consuelo de Belle, no se produjeron más dramas. Durante el mes que pasaron allí, John y Belle presenciaron una jornada de bautismos. Los cristianos de la localidad se reunieron en un pequeño estanque de montaña ubicado cerca de Pine Mountain. Belle observó cómo los diáconos de la iglesia se alineaban a un costado del estanque. Los miembros de la congregación se apostaron detrás de los diáconos y cantaron himnos mientras los candidatos a ser bautizados esperaban al otro lado vestidos con ropas delgadas. Finalmente, Moisés se metió en el agua helada del estanque y comenzó a bautizar. De uno en uno, los candidatos entraban y Moisés los sumergía en el agua. Luego, empapados y generalmente temblando, cada persona salía por el lado opuesto y estrechaba la mano de los diáconos antes de correr a un refugio improvisado para ponerse ropa seca de abrigo.

Al principio, a Belle la desconcertó el que los cristianos lisu se dieran la mano continuamente. Luego aprendió que darse la mano era una importante señal de compañerismo cristiano entre ellos. Al parecer, cuando James llegó por primera vez y evangelizó a los lisu, la gente notó su inclinación inglesa a dar la mano y tomó el gesto como un gesto cristiano. Desde entonces, los cristianos lisu se dan la mano con regularidad.

Ser testigo de los bautismos, y la apertura del pueblo lisu al evangelio emocionó a Belle. Qué diferentes eran los lisu de los chinos. Belle no podía imaginar tres chinos caminando a través de las montañas durante días con el único propósito de invitar a un maestro cristiano a su pueblo para que les explicara el evangelio con más detalle. Evangelizar a los chinos era mucho más difícil que evangelizar a los lisu.

A medida que el mes en Pine Mountain tocaba a su fin, Belle comenzó a sentir inquietud. Por mucho que le hubiera encantado quedarse más tiempo en Lisulandia, había prometido a las dos mujeres que cuidaban de Kathryn que no se quedaría más de un mes, y ese tiempo se había consumido. Pero John no pudo hacer muchos progresos en el manejo de la situación del opio. Uno de los señores de la guerra todavía amenazaba con destruir las iglesias cristianas en todo el territorio si sus miembros se resistían a cultivar opio para él, como les pedía que hicieran. Y ordenaba a los que se negaban a cultivarlo que pagaran el doble de impuestos para resarcirse. John había hablado con muchas personas sobre tal estado de cosas, pero la situación seguía sin resolverse. En consecuencia, creyó que debía quedarse en Pine Mountain para informar a Leila cuando ésta regresara.

Al final, la pareja decidió que Belle debía regresar con una escolta local mientras John se quedaba más o menos un mes con los lisu. Belle sintió alivio cuando supo que para cubrir el trayecto de regreso seguirían una ruta un poco más directa a lo largo de muchas aldeas. Ma Fu-yin, una de las escoltas, dijo a Belle que ella era la única mujer blanca que había transitado por ese camino. Belle lo creyó. A medida que avanzaban, cada vez que se detenían a pasar la noche, mucha gente se agolpaba en torno a Belle, la tocaban e intentaban que hablara inglés.

Durante el viaje de regreso, subiendo y bajando montañas, Belle tuvo mucho tiempo para pensar en ir a vivir con los lisu. ¿Era realmente lo que Dios la había llamado a hacer? Sería mucho más difícil vivir en las montañas con los lisu que en las llanuras y valles de China, donde había muchos mercados y abundancia de productos para comprar. Había pocos mercados en los que comprar comida entre los lisu. Había que persuadir a las verduras y al maíz para que crecieran en suelo rocoso; los Cooke criaban gallinas que necesitaban constante atención para producir huevos. Además, las casas de los lisu carecían de muebles aparte de unas pocas cestas tejidas para guardar la comida y una tabla común sobre la que todos solían comer y nadie lavar. Había que acarrear agua de un pozo, tanto para beber como para el penoso trabajo de lavar la ropa a mano. ¡También se cernía la amenaza constante de caerse por la ladera de la montaña, o que parte de la ladera se soltara y cayera sobre ti!

Sin embargo, todas estas cosas eran insignificantes para Belle al recordar a los cristianos lisu que había conocido. Estaba Moisés, que recientemente se había dirigido al norte para ayudar a Allyn Cooke, dejando atrás, a su hija Esther recién nacida, orgullo de su vida. Estaba Me-do-me-pa, que había sufrido a manos del señor de la guerra a causa de su fe y, sin embargo, permaneció firme y gozoso y fue una inspiración para los demás. Y estaban los tres hombres lisus floridos que habían caminado largos días desde Birmania hasta Pine Mountain y se negaban a volver hasta que alguien les acompañara para enseñar a la gente de su pueblo acerca de Jesús.

En lo profundo de su corazón, Belle sabía que había encontrado la vocación de su vida. Con cristianos tan devotos como los que había conocido en Pine Mountain y sus alrededores, consideraría un privilegio dedicar el resto de su vida a enseñarles los caminos de Dios. Lo que tenía que hacer ahora era convencer a James de que físicamente era bastante fuerte para el desafío que representaba convivir con los lisu.

Capítulo 12

De vuelta a Pine Mountain

Casi dos meses después, John regresó a la casa de misión de Old Market, en el valle de Yungping. Poco después, hubo un flujo regular de cartas entre los Kuhn y James Fraser. James se había casado recientemente con una compañera llamada Roxie. La nueva pareja esperaba su primer hijo.

John y Belle les dieron la enhorabuena y les comunicaron que John había estado recientemente enfermo con disentería amebiana y también se había sometido a una operación de hernia, en condiciones primitivas, en Tali.

Finalmente, en noviembre de 1934, John y Belle recibieron permiso para trasladarse a Lisulandia para hacerse cargo de la obra que Leila había estado supervisando. «No permanentemente», escribió James. «Sólo por dos años hasta que se les dé permiso para descansar, y luego veremos dónde les necesitan».

Esta vez Belle no hacía la maleta para una visita, sino para convivir por un período de dos años con los lisu. Hizo una lista de todo lo que necesitaría llevar consigo: queroseno para los calentadores, ropa para una niña de tres años, leche y carnes enlatadas, medicinas, su guitarra, una máquina de escribir, resmas de papel, pluma, tinta... Belle observó consternada que la lista era cada vez más larga. Pero sabía que cada elemento era vital para funcionar de manera efectiva.

Finalmente, once mulas, listas para ser cargadas y emprender viaje, se detuvieron frente a su casa. Belle echó un último vistazo al lugar. Echaría de menos el río Yungping que fluía frente a su puerta y la larga llanura que se extendía junto a ella. Se preguntó cuánto tiempo pasaría hasta que viera otra extensión plana de tierra.

John dio la orden y la caravana empezó a moverse. Belle levantó a Kathryn en una pequeña silla de manos y partieron. Al principio, el viaje fue relativamente fácil. Como corría el mes de diciembre, cuando comenzaron a ascender por el valle del río Mekong, el aire se enrareció y se volvió más frío.

La caravana de mulas escaló las altas crestas de montaña, adelantó penosamente bajo la carga, y descendió abruptamente al fondo de un estrecho cañón. Luego, el sendero discurría a lo largo de burbujeantes aguas en el fondo del cañón. A medida que los viajeros avanzaban a lo largo del río, se levantaban paredes rocosas a ambos lados del cañón. En lo alto, sobresalían enormes rocas del acantilado. Luego, los viajeros encontraron lugares donde las rocas se habían derrumbado en deslizamientos de tierra que casi bloqueaban el cañón y obstruían el paso. Se vieron obligados a trepar por los deslizamientos de tierra, que se hicieron más frecuentes a medida que avanzaban por el cañón.

En cierto momento, el arriero rogó a John que diera la vuelta y tomara otro sendero hacia el valle del río Salween. Dijo que las mulas tenían grandes dificultades para superar los numerosos deslizamientos de tierra con sus respectivas cargas. John se lo pensó, pero ya llevaban cinco días de viaje y las provisiones de comida empezaban a escasear. El arriero se puso terco e insistió en que debían regresar, pero John razonó con él y le dijo que aligerara la carga, aunque hubiera que hacer dos viajes para llevarlo todo. El arriero accedió a regañadientes, y siguieron adelante.

En un deslizamiento especialmente peligroso, la caravana se topó con un grupo de viajeros que se dirigían por el cañón. Los dos grupos se detuvieron a conversar un rato, y Belle sintió alivio cuando supo que ese era el último derrumbe importante que tendrían que sortear. Los viajeros también dijeron a John y Belle que una semana antes, en ese mismo deslizamiento de tierra, un cónsul británico había perdido todas sus provisiones.

Después de seis días, el grupo llegó al río Salween, puerta de entrada a Lisulandia. El corazón de Belle latió con fuerza cuando finalmente divisó el río. Se detuvieron para almorzar en un pueblo llamado Deer Pool, donde John se había hospedado en el camino de regreso al valle de Yungping.

—Aquí vive una joven cristiana llamada Homay —dijo a Belle—. Compartiremos nuestra comida con ella. Es una joven notable; espera y verás. Incluso habla algo de chino.

Una joven regordeta vestida de azul marino desde el turbante hasta los pies salió de una choza junto a una pocilga. Belle no tardó en darse cuenta de por qué John había dicho que Homay era extraordinaria.

Era callada, pero transmitía confianza mientras ayudaba a preparar arroz para el almuerzo y al mismo tiempo entretenía a Kathryn.

Después del almuerzo, cuando el grupo se despidió, Belle esperaba tener la oportunidad de pasar más tiempo con Homay. No tuvo que esperar mucho. Al día siguiente, miró hacia atrás y vio a Homay subiendo por el sendero, detrás de ellos, con un petate a la espalda. Belle se detuvo a esperarla.

—¿Te unes a nosotros? —le preguntó Belle. Homay asintió.

—Sí. Me gustaría vivir con usted y ayudarle a cuidar de su pequeña, si así lo desea.

Belle abrazó a Homay, sin saber si era un gesto aceptable o no. Estaba demasiado emocionada como para que le importara. Ahora tenía una maravillosa mujer cristiana que discipular y una ayudante, las dos cosas en una. Belle desbordó de gratitud a Dios.

Una sorpresa más les esperaba. Al anochecer, Job, un evangelista lisu, los encontró por el camino.

—Dios me mostró que viniera a ayudarles —dijo.

Y les ayudó. John, Belle y Kathryn pudieron caminar los últimos kilómetros hasta Pine Mountain mientras Job se quedaba a guiar las mulas y al arriero, quienes tuvieron que escalar la última montaña a un ritmo mucho más lento.

La oscuridad había cubierto la montaña cuando los Kuhn llegaron a su nuevo hogar. Belle recordó la primera vez que había estado allí charlando con Leila y disfrutando de sus panecillos recién horneados. Pero Leila ya había partido para reunirse con su esposo, más al norte, en Luda, y ahora la casa estaba vacía, salvo un par de estanterías polvorientas. Un viento helado azotaba las paredes de bambú tejidas holgadamente.

Belle encendió una lámpara y sintió un tirón en el brazo.

—Mami, podemos quedarnos dos días y luego nos vamos —sugirió Kathryn. Sus grandes ojos color avellana se encontraron con los de Belle.

Con las palabras de su hija, Belle sintió que su determinación se desvanecía. Los ojos se le llenaron de lágrimas. ¿Era esto realmente por lo que había orado durante años? ¿Quería vivir en una choza de una sola habitación, en lo alto de un monte, y que éstos fueran los primeros recuerdos de Kathryn? ¿Qué había hecho? Luego, a la luz de la lámpara, Belle vio un trozo de papel clavado en la pared. «Mi Dios suplirá todas tus necesidades» estaba escrito con lápiz de color por una mano infantil. Un niño que ora por los Cooke debió enviárselo, pensó Belle. Luego recordó a todas las personas que también oraban por ellos. «Perdóname, Señor», susurró. «Tú nos trajiste aquí, y nos sacarás adelante». Luego miró a Kathryn.

Kathryn devolvió la sonrisa esperanzada a su madre, y, tomadas de la mano, salieron de la penumbra de la choza con fuerzas renovadas para buscar a John y comenzar a establecer su hogar.

Belle solo tardó un día en organizar su casa. Cada rincón de la habitación desempeñaría una asignación: ropa, material de oficina, comida, ropa de cama. Dobló la ropa y la colocó en el rincón designado, apiló la comida en su rincón y colocó la ropa de cama, el papel, las plumas y la tinta en sus respectivos rincones. Una vez terminado todo podía centrar su atención en los lisu.

Se acercaba la Navidad y ya se preparaban para celebrarla en Pine Mountain. La Navidad era la única época del año en la que todos los cristianos lisu se reunían para celebrarlo con sus hermanos cristianos de toda la zona y con los misioneros. Antes de llegar John y Belle, la iglesia de Pine Mountain había sido designada iglesia anfitriona para los cristianos de la zona sur del valle del río Salween.

Belle vio cómo se construían pequeños refugios de pino para albergar a los huéspedes y se montaban cocinas. También se preparó un arco de vegetación recién cortada para dar la bienvenida a los visitantes. El día antes de Navidad, un guarda vigiló los senderos que conducían a Pine Mountain para recibir a los visitantes que se acercaran. Cuando veía a alguien, disparaba dos tiros al aire con su rifle como señal, y los cristianos de Pine Mountain salían para dar la bienvenida a los visitantes, formando filas a ambos lados del arco. Cuando llegaban los invitados, los cristianos les ofrecían una serenata con villancicos y, por supuesto, apretones de manos.

El día después de Navidad se llevó a cabo un servicio bautismal en el mismo estanque cercano donde Belle había presenciado los bautismos en su anterior visita a Pine Mountain. Belle ayudó a Kathryn a subir a una gran roca cerca del estanque y juntas vieron cómo se bautizaban veintinueve cristianos lisu.

Los lisu que vivían cerca de Oak Flat y Pine Mountain habían visto a varios misioneros blancos en el transcurso de los años, entre ellos James Fraser y Allyn y Leila Cooke. Pero cuando John y Belle dejaron a Kathryn con Homay y se aventuraron a ir más lejos, a menudo se encontraban con lugareños que huían de ellos. Con su cabello castaño oscuro y ojos color avellana, Belle les asustaba menos que John, quien tenía ojos azules brillantes y nariz alargada.

—¡Es un pájaro-demonio! ¡Tiene una nariz de pico, y ojos arrancados del cielo! ¡Se come a los niños! —decía la gente huyendo de John y de Belle.

Momentos así dificultaban que los Kuhn se adentraran en nuevas áreas, pero los dos persistieron. Aprendieron bien la lengua lisu y Belle tradujo muchas canciones e himnos a su idioma. A los lisu les encantaba cantar, hacer armonías a cuatro voces y les fascinaba que Belle tocara la guitarra y cantara.

Belle pasaba gran parte de su tiempo enseñando la Biblia. Hasta la fecha, se habían traducido al lisu los evangelios de Mateo, Marcos, Lucas, Juan y el libro de Hechos, y James todavía se esforzaba por completar la primera traducción del Nuevo Testamento al lisu. Como resultado de ello, los ancianos de la iglesia anhelaban que Belle les enseñara otras partes de la Biblia, especialmente la historia de los judíos en el Antiguo Testamento.

Julio de 1935 resultó ser un mes difícil para la familia Kuhn. A John y Belle les gustaba llevar a Homay y Kathryn consigo en sus viajes por Lisulandia tan a menudo como podían. En un viaje a un pueblo norteño durante el mes de julio, Kathryn, de cuatro años, contrajo malaria. Se puso muy grave y Belle cuidó a su hija día tras día mientras su diminuto cuerpo combatía contra la enfermedad.

Tan pronto como Kathryn comenzó a recuperarse, Belle comenzó a sentirse enferma. Su cuerpo se cubrió de un sarpullido y no podía soportar el olor a comida. Supuso que no era malaria, aunque no tenía idea de qué enfermedad se trataba. Cuando Kathryn se sintió algo mejor, John salió de viaje para tener un encuentro con los nuevos cristianos del otro lado de las montañas, en Goo-moo, Birmania. Belle sabía que en ausencia de John, Homay hacía todo lo posible por cuidarla. Pero no sabía si sería suficiente. El médico más cercano quedaba a dos semanas de viaje y Belle no tenía fuerzas para llegar tan lejos.

Todas las noches, los miembros de la iglesia lisu venían a cantar delante de la cabaña de Belle, y uno o dos ancianos entraban a orar por ella. Belle se sintió reconfortada viendo cómo se preocupaban por ella, pero no parecía mejorar.

Una mañana, Homay dijo a Belle que Job, el evangelista de la iglesia, había ido en busca de ayuda prometiendo correr hasta Paoshan para traer a alguien. Las circunstancias de aquel viaje hicieron llorar a Belle. Estaban en medio de la temporada de lluvias y viajar era extremadamente peligroso en toda la zona. La lluvia aflojaba las rocas, que caían por las laderas de las montañas, arrasando chozas o animales o cualquier cosa que pillaran en su trayectoria, incluidos viajeros solitarios. Enormes deslizamientos de tierra bloqueaban los senderos comunes, lo que obligaba a cualquier viajante a atravesar rutas desconocidas.

Belle comenzó a perder el conocimiento, y oraba por el salvoconducto de Job a Paoshan cuando estaba lo suficientemente lúcida para pensar. Job llegó a Paoshan en un tiempo récord, cubriendo la distancia en cuatro días en lugar de los seis días normales. Volvió de Paoshan con dos enfermeras misioneras y los pies infectados por correr tanta distancia descalzo.

Belle apenas se dio cuenta de la presencia de las enfermeras cuando la levantaron de la tabla sobre la que estaba acostada y la colocaron en un catre portátil que trajeron con ellas. Se sentía como si estuviera descansando en una nube.

En su aturdimiento, Belle oyó a una de las enfermeras susurrar:

—Es solo una enfermedad de la piel. No debería haberle causado esto. Creo que se está muriendo de hambre como efecto secundario. Homay dice que no quiere comer.

Hora tras hora, las enfermeras introdujeron alimentos nutritivos en la boca de Belle. El caldo de pollo y la sopa de lentejas la fortalecieron lentamente hasta que se encontró lo suficientemente bien como para ser trasladada a Paoshan, donde un médico pudiera examinarla.

Homay y Kathryn, así como las dos enfermeras, la acompañaron. Una vez que Belle tuvo un suministro constante de buena comida, su salud mejoró rápidamente y el médico pudo tratar su sarpullido con éxito.

Tres meses después, Belle volvió a Lisulandia, más decidida que nunca a marcar una diferencia durante los seis meses previos a la fecha prevista para que John y ella se tomaran un permiso. Los seis meses pasaron rápidamente y en marzo de 1936 llegó el momento para la familia Kuhn de regresar a América del Norte. Leila ofreció a Homay lugar en su casa hasta que John y Belle regresaran. Esto fue un alivio para Belle, como también el que Homay aceptara una propuesta de matrimonio de un destacado joven cristiano llamado Joseph. Todo parecía estable en Lisulandia cuando John, Belle y Kathryn bajaron una vez más la empinada ladera del monte.

El viaje a Shanghái fue largo y Belle se alegró de escalar la pasarela del SS President McKinley. Por fin, podía empezar a relajarse. Subió a cubierta y vio desaparecer los edificios de Shanghái por el horizonte mientras el barco se alejaba río abajo por el Hwangpoo. Habían transcurrido ocho años desde que llegara a China. Belle sonrió para sí al recordar lo indignada que se había sentido cuando Ruth Paxton declaró que «toda la escoria de su naturaleza saldrá a relucir». Seguramente así había sido, reflexionó Belle. La comida, las pulgas, la suciedad, las agotadoras veredas de montaña, las chozas con corrientes de aire, dar a luz a muchos kilómetros del médico más cercano. Entre tantas otras cosas que había experimentado, ninguna había supuesto para ella una transición fácil a la vida misionera. Pero había permanecido en su puesto, y estaba muy contenta de haber perseverado.

Participar en la expansión del cristianismo por toda China y ver cambiar vidas hizo que todas las dificultades que Belle había experimentado valieran la pena. «Oh Dios», oró en voz baja mirando el agua fangosa del río, «por favor, permíteme volver».

Capítulo 13

Permiso

Después de varias semanas de travesía por el océano Pacífico, el SS President McKinley atracó en Seattle. La familia Kuhn desembarcó y tomó un transbordador que los llevaría a Vancouver, donde el padre de Belle, su hermano Murray y un gran grupo de chicas del Corner Club esperaban su llegada. Fue una gran reunión y presentación para John y Kathryn, quienes aún no conocían a ningún miembro de la familia de Belle.

Luego de regresar al continente norteamericano, John y Belle tuvieron que adaptarse a muchas cosas nuevas. Corría el mes de mayo de 1936 y Estados Unidos y Canadá eran lugares bastante diferentes de los que habían dejado atrás a mediados de la década de 1920. Por un lado, América del Norte había caído, en 1929, en una profunda depresión económica, lo que significaba que muchas personas, incluidos algunos de sus amigos, estaban desempleados. Las modas también habían cambiado, al igual que los gustos musicales. Había nuevas carreteras con muchos más autos y más electrodomésticos en los hogares. Belle también notó que algunas cosas no habían cambiado. Durante ese tiempo tumultuoso, el padre de Belle había probado fortuna con algunas ofertas accionariales y, como resultado, acumulaba una deuda de quinientos dólares. A Belle le preocupaba el efecto que esa deuda podría causar en la salud de su padre.

Después de pasar tres semanas en Vancouver, la familia Kuhn se dirigió a Bellingham, Washington, donde asistieron a la Conferencia Bíblica y Misionera celebrada en The Firs. Qué maravilloso fue volver a ver a Otis y Julia Whipple. Belle pasó muchas horas contando a Julia sus aventuras en China. También pasó tiempo paseando por los senderos boscosos del lugar de la conferencia, donde reflexionó sobre cómo su vida había cambiado para siempre a consecuencia de sus visitas anteriores a The Firs. La conferencia terminó pronto, y John y Belle se trasladaron a la cercana isla Orcas, donde les habían ofrecido una cabaña para descansar. También fue el padre de Belle.

La casita de la isla Orcas era justo lo que Belle necesitaba. Por las mañanas podía dormir todo el tiempo que quisiera mientras su padre llevaba a Kathryn a pescar o de aventura por la isla.

Después de un mes de descanso y recuperación en la cabaña, Belle se sintió lista para emprender el largo viaje en tren rumbo este hasta Pennsylvania, donde se había criado John. Aparte de la hermana de John, Belle no conocía a los otros miembros de su familia. John deseaba presentarla a sus muchos parientes que aún vivían en Manheim y sus alrededores, en el condado de Lancaster. Belle y Kathryn también estaban ansiosas por conocerlos, aunque el padre de John había muerto varios años antes, estando John en China, y su madre cuando John tenía tres años.

A Belle le encantó Manheim, ubicada en el este de Pennsylvania. Estaba en lo más profundo del territorio Amish, y muchos lugareños aún hablaban un dialecto alemán. Las casas le recordaron las imágenes que había visto de pueblos europeos, estaban agrupadas y sus puertas principales daban directamente a la calle. John mostró todo a su familia, los lugares de interés y los lugares donde él y su hermana habían predicado en reuniones al aire libre cuando salían de vacaciones del Instituto Bíblico Moody.

La familia también visitó la tumba del padre de John y dio gracias por la herencia que él les había dejado. Era una suma sustancial de dinero y habría supuesto un buen respaldo financiero para ellos, excepto por una cosa. En el viaje de regreso desde China, ambos habían leído la historia de otro misionero, C. T. Studd, que había comenzado a servir en China antes de trasladarse a África. Lo que más impresionó a John y Belle del caso de C. T. Studd fue la forma en que regaló su propia herencia, que era mucho más grande.

Mientras estudiaban los documentos relacionados con su herencia, John y Belle decidieron seguir el ejemplo de C. T. Studd y donar el dinero. El primer cheque que firmaron fue por quinientos dólares, que enviaron al padre de Belle para cubrir su deuda. Firmaron otros cheques para apoyar a misioneros en Rusia, América del Sur y África. También ayudaron a costear la matrícula de algunos estudiantes del Instituto Bíblico. Una de esas estudiantes estaba dispuesta a aceptar el dinero con la condición de devolverlo cuando pudiera. «No te preocupes por eso», le dijo Belle. «Es un regalo, no un préstamo».

Cuando partieron de Manheim para viajar hacia el oeste, los Kuhn habían regalado el monto total de su herencia, excepto dos mil dólares en acciones. Un amigo cristiano, miembro de la junta de cierta empresa, les aconsejó conservar sus acciones en la misma, y John y Belle asintieron por tratarse de un favor personal.

Mientras la familia Kuhn volvía a la costa oeste, se detuvieron en varias iglesias a lo largo del trayecto para compartir con las congregaciones su labor misionera entre los lisu. Belle estaba encantada de conocer a extraños que habían leído las cartas de oración que ella había escrito y que su padre y otros habían duplicado y reenviado. Muchas de esas personas manifestaron que oraban regularmente por la familia y su misión. También dijeron a Belle que en sus cartas dibujaba imágenes tan vívidas que les hacía sentir que estaban allí mismo con los lisu. La respuesta a las cartas de oración entusiasmó a Belle, especialmente cuando la gente preguntaba por los cristianos locales en particular y quería ponerse al día.

Una persona por la que preguntaban a menudo era Homay. Cuando preguntaban, Belle les pedía que oraran especialmente por ella. Estando de permiso, Belle se había enterado de que Homay había sufrido una pérdida terrible cuando su prometido Joseph se ahogó en el camino de regreso de un viaje misionero a Goo-moo, en Birmania. Leila había escrito diciendo que Homay había asumido la noticia como una cristiana valiente, pero Belle sabía cuánto amaba Homay a Joseph y le entristeció mucho la noticia.

Antes de que Belle se diera cuenta, había transcurrido un año y medio y era tiempo de regresar a China. Belle pasó gran parte del último mes en casa comprando suministros y empacando. Esta vez, Kathryn necesitaba sus propias bolsas porque había llegado el momento de ir a la escuela. No fue una decisión fácil de tomar para Belle, pero sabía que tenía que hacerlo. Kathryn era una niña inteligente que floreció entre sus nuevos amigos en Canadá y Estados Unidos. Belle sabía que se sentiría muy sola viviendo en territorio lisu y también necesitaba ser estimulada intelectualmente. Aunque Kathryn hablaba chino y lisu además de inglés, estaba lista para nuevos desafíos de aprendizaje.

Afortunadamente, la despedida no sería demasiado triste, ya que la hermana y el cuñado de John, Kathryn y David Harrison, fueron asignados a trabajar en Kunming, donde la CIM tenía una escuela a la que podía asistir la pequeña Kathryn. Y como era un internado, Kathryn podría visitar regularmente a sus tíos Kathryn y David y pasar con ellos largos fines de semana. Belle estaba segura de que ella o John podrían ir a Kunming una vez al año y traerse a Kathryn de vacaciones a Lisulandia.

El viernes 30 de agosto de 1937, la familia Kuhn, junto con el padre y el hermano de Belle, asistieron a un servicio de despedida en la casa de la Misión al Interior de China en Vancouver. Estaban listos para zarpar rumbo a China al día siguiente. Fue un servicio maravilloso y Belle esperaba recordar los rostros y oraciones de sus amigos en tiempos difíciles en China.

Tan pronto como Belle acostó a Kathryn después del servicio de despedida, sonó el teléfono. Será uno de nuestros amigos para desearnos lo mejor —pensó mientras se esforzaba por oír a John, que había contestado el teléfono—. Con oír un par de frases podría averiguar qué amigo estaba llamando. Pero John no dijo mucho. Escuchó un rato la voz del que hablaba al otro lado de la línea, que pareció una eternidad a Belle, y luego respondió: «¿Entonces no iremos mañana?». Belle notó la decepción en su voz. La otra persona habló un poco más y John se despidió diciendo: «Gracias por llamar, Dr. Wilcox». El corazón de Belle dio un vuelco. El Dr. Wilcox era director de la junta de misiones domésticas de la CIM. Belle miró a John con expresión de sorpresa.

—Belle, querida, no salimos para China mañana —dijo John.

—¿Por qué no? —preguntó ella.

—Porque ha estallado la guerra entre Japón y China, en el norte, alrededor de Manchuria. La misión ha cancelado todos los pasajes a China. Incluso la señorita Maitland, que se embarcó hoy en Seattle, tendrá que desembarcar aquí mañana.

El rostro de Belle enrojeció de frustración mientras miraba los baúles ordenados al lado de la puerta principal.

—Pero la lucha es en Manchuria, en el norte, y nosotros estamos justo al sur de China. ¿La junta de misiones domésticas no sabe de geografía? Estaremos a salvo. ¡No hay necesidad de impedir que regresemos! —Belle detestaba la desesperación que se había instalado en su voz.

Por el contrario, la respuesta de John fue tranquila y tranquilizadora.

—Belle, no intentes llevar a cabo la misión. Nos están enviando, y pueden retrasar el envío si lo consideran oportuno. Necesitamos someternos, y someternos felizmente.

Belle miró a su marido. Ella sabía que él no iba a desafiar al Dr. Wilcox ni la decisión de la junta de misiones domésticas. Estaba segura de que algún superior de la CIM había pasado por alto el hecho de que ellos iban al extremo sur de China y no correrían peligro. Sin embargo, decidió guardar silencio y no insistir. Discutir más el asunto solo lograría que John se pusiera más terco. Poco después, Belle se sentó con John para un devocional nocturno. John recurrió al Salmo

91 y leyó el versículo 1: «El que habita al abrigo del Altísimo, morará bajo la sombra del Omnipotente».

En China —pensó Belle— estaremos más seguros bajo la sombra del Todopoderoso que en cualquier otro lugar del mundo.

Oyó a John suspirar después de leer el versículo. Estaba segura de que él pensaba lo mismo. Oraron y luego John se levantó.

—Estoy de acuerdo, Belle —dijo—. Llamaré al Dr. Wilcox. Creo que sería una buena idea recordarle que nosotros estamos en el sur de China. Tal vez pueda hablar con los superiores, y reconsiderar nuestra situación.

Belle apenas pudo evitar esbozar una sonrisa. Estaba segura de que todo saldría bien y de que la familia zarparía rumbo a China a bordo del Hikawa Maru al día siguiente. Y así fue. A las 9:00 de la mañana del día siguiente, el Dr. Wilcox llamó para decir que el Dr. Glover, su superior, había enviado un telegrama aprobando su partida. Belle apenas podía contener su emoción.

Veinte días después de navegar tranquilamente por el Pacífico, el Hikawa Maru atracó en Hong Kong. Desde Hong Kong, los Kuhn tendrían que reservar un pasaje en un barco que los trasladara por la costa hasta Hai Phong, en la Indochina francesa (Vietnam), y desde allí viajarían en tren hasta Kunming, en la provincia de Yunnan.

Mientras John investigaba las opciones para proseguir el viaje, Belle se imaginó tener tiempo para relajarse en Hong Kong. Pero no iba a ser así. Un telegrama la esperaba en la casa de la CIM en Hong Kong que decía: «Envíen a Kathryn a Chefoo con Grace Liddell».

La mano de Belle se tocó la cara cuando leyó el telegrama y sintió escozor de lágrimas en los ojos. ¿Cómo puede ser? Todo estaba arreglado para que Kathryn fuera a la escuela en Kunming, donde la esperaban los Harrison. Parecía imposible separarse de su feliz y despierta hija de seis años y enviarla al norte, a la escuela principal de la CIM para niños misioneros en Chefoo. ¿No había guerra en el norte?

Grace Liddell también se hospedaba en la casa de huéspedes de la CIM. Belle aún no la conocía, pero había oído decir que Grace era una trabajadora muy eficaz en la provincia de Yunnan. A pesar de la eficacia de Grace, la Misión al Interior de China carecía de maestros en la escuela de Chefoo, y se le había pedido a ella que asumiera allí un puesto de maestra.

A Belle le gustó Grace de inmediato, pero aun así no quería confiarle a su hija. A lo largo de ese día y todo el día siguiente, Belle lidió con la situación. Sufría por los largos periodos de la vida de Kathryn que se perdería estando tan lejos, en Chefoo. No estaría con ella para leerle cuentos antes de dormir, peinar su cabello, ayudarla a vestirse, responder sus preguntas o ver cómo aprendía a leer, dibujar y tocar música. Todo lo que Belle había esperado hacer con Kathryn estaba a punto de serle arrebatado.

John trató de razonar con ella. Dijo a Belle que Chefoo tenía una escuela excelente, mucho más grande y con mejores oportunidades que la pequeña escuela de Kunming. Kathryn estaría acompañada de adultos cariñosos, todos ellos misioneros, que la cuidarían como si fuera suya, y estaría rodeada de otros niños que se encontraban en la misma situación.

Belle sabía que John decía la verdad, pero eso no facilitó la situación. Aun así, orando por el asunto, sintió que esa era la dirección de Dios, por lo que permitió que Grace tomara de la mano a Kathryn para subir a bordo de otra embarcación que las llevaría al norte, a Chefoo.

Tan pronto como perdió de vista a Kathryn, Belle rompió a llorar desconsoladamente. John caminó con ella por las calles de Hong Kong toda la noche, ya que no podía dormir. Cuando zarparon de Hong Kong hacia Hai Phong, al día siguiente, Belle estaba exhausta. Y una vez que llegaron a Hai Phong y tomaron el tren a Kunming, ella continuó llorando en silencio. A medida que el tren avanzaba hacia la provincia de Yunnan, Belle se iba alejando de Kathryn. Pensamientos oscuros anegaron su mente. ¿Qué pasaría si Kathryn la olvidaba por completo y prefería estar con Grace Liddell o con alguna otra maestra? ¿Qué pasaría si Kathryn enfermaba y moría y Belle nunca la volvía a ver?

Como a la mitad del viaje, la niebla en la mente de Belle comenzó a disiparse. Miró bien lo que estaba haciendo. Claro, estaba de duelo por todas las cosas que nunca experimentaría con Kathryn. Pero ¿de qué le había servido tanto llanto? ¿Se sentía mejor por haber llorado? ¿Estaba Kathryn mejor? ¿Se había fortalecido su matrimonio con John al revolcarse en la autocompasión? La respuesta a todas estas preguntas fue negativa, y al darse cuenta de ello, Belle se secó las lágrimas. Vendrían más despedidas —formaba parte de ser misionera—, y era mejor no detenerse demasiado en ellas. Si tales separaciones eran parte de la voluntad de Dios, Él tendría que llevar la carga. Ella no podría hacerlo. Oró y pidió a Dios que la perdonara por gratificar su dolor. Tenía que mirar hacia adelante.

A medida que el tren avanzaba, montañas cubiertas de nieve comenzaron a aparecer a través de la ventanilla. John y Belle ya estaban en la provincia de Yunnan y pronto llegarían a Kunming. Belle rehusó pensar en que Kathryn debía haber ido a la escuela en Kunming y se centró en lo maravilloso que sería ver a la hermana y al cuñado de John y contarles todas las noticias de casa.

No obstante, a Belle le esperaba otro golpe en Kunming. Se había concentrado tanto en volver a los lisu que no había considerado la posibilidad de que James Fraser no los reasignara allí. Pero esto fue precisamente lo que hizo. En lugar de ello, envió a John y Belle temporalmente a Paoshan, desde donde, les dijo, podrían hacer viajes a Lisulandia. En cuanto a su futuro en China, James pidió a John que considerara ser asistente del supervisor de la CIM para la región occidental de la provincia de Yunnan.

Belle se quedó sin palabras cuando se enteró de su nueva ubicación. Primero le habían arrebatado a Kathryn, y ahora al pueblo lisu. Pero esta vez Belle no se revolcó en el dolor. En lugar de ello, apartó un día para orar por la situación. Al final del día, estaba segura de que Dios le había prometido que regresaría y viviría permanentemente entre los lisu. Una amplia sonrisa se dibujó en su rostro, pero la mantuvo bajo control. Belle decidió no contar nada a nadie, ni siquiera a John, lo que había sentido de parte de Dios. Era un secreto especial que Dios había compartido con ella, y ahora anhelaba ver cómo se cumpliría.

Belle cantó mientras hacía las maletas para viajar a Paoshan. Después de todo, se dijo a sí misma, es solo un trampolín hacia Lisulandia. Notó que John le lanzaba un par de miradas extrañas mientras empacaba, pero resistió el impulso de decirle que sabía que pronto regresarían a Lisulandia.

Y así fue. Un mes después de llegar a Paoshan, llegó una carta desesperada de James, pidiendo a John y Belle que fueran a la aldea de Oak Flat y ayudaran a resolver un problema que había surgido en la iglesia. Al mismo tiempo, podían acompañar a Victor

Christianson, nuevo misionero que iba a trabajar con los lisu, ayudarle a establecerse y emprender el aprendizaje del idioma. La carta terminaba con estas palabras: «Recuerden que esta no es una asignación permanente. No necesitan llevar todas sus cosas. Pero tendrán que encargarse de las tareas domésticas por unos meses. Sería bueno para Víctor contar con personas con experiencia por un tiempo».

Belle asintió cortésmente mientras John le leía la carta, ¡pero en su corazón, bailaba! John y James podrían pensar que regresarían solo por unos meses, pero Belle estaba segura de que volvería a estar entre el pueblo lisu para siempre. Esperaba con expectación ver qué les depararía el futuro.

Capítulo 14

Escuela bíblica estación lluviosa

—¡Cada minuto debe contar mientras estemos con los lisu! —exclamó Belle, poco después de que John y ella se instalaran en Oak Flats—. Tenemos que averiguar la mejor forma posible de llevar la Buena Nueva a las zonas remotas y al mismo tiempo fortalecer a los cristianos nativos.

John asintió con la cabeza. —¿Has pensado en algo?— preguntó. Belle se echó a reír. Su marido la conocía bien.

—De hecho, sí. Aquí en Oak Flats se predica todos los domingos. Pero los otros lisu, en toda la región, no tienen forma de aprender las verdades bíblicas excepto unos de otros. Esto puede conducir a todo tipo de enseñanzas extrañas. Sería maravilloso transmitir una buena enseñanza bíblica a cientos de hombres y mujeres lisu.

—Cientos de hombres y mujeres —dijo John, haciéndose eco de sus palabras. Belle asintió.

—Tal vez no para empezar, pero ya me hago a la idea. Podríamos pedir a Homay mecanografiar los libros de Gálatas y Corintios en lisu, y todos podrían tener su propia copia. ¡Piensa en las verdades que la gente podría aprender de San Pablo!

—Supongo que podríamos preguntar a James al respecto —admitió John— aunque no sé cuándo lo haremos.

—Durante la temporada de lluvias, por supuesto— intervino Belle—. La llamaremos «Escuela bíblica estación lluviosa», EBELL para abreviar. Es el tiempo ideal para impartir una escuela bíblica. Casi no hay nada que hacer en los campos, y es muy difícil viajar por las resbaladizas pendientes. ¿Qué te parece?

—Creo que lo tienes todo planeado. Si puedes convencer a la iglesia de Oak Flat para seguir adelante y obtenemos el permiso de James, impartiremos la primera escuela bíblica para los lisu —dijo John, palmeando la mano de Belle.

Ese era el estímulo que Belle necesitaba y de inmediato puso manos a la obra para desarrollar el proyecto. Se había traído una máquina de escribir a la vuelta del permiso y empezó a enseñar a usarla a Homay, quien recientemente había regresado de una estancia con los Cooke, en Luda, para vivir con ellos. Finalmente, James acabó la traducción del Nuevo Testamento al lisu, pero por ese entonces solo estaban impresos los Evangelios y el libro de los Hechos. Belle proyectó que Homay escribiera a máquina los libros inéditos de Gálatas y 1 Corintios en lisu, usando papel carbón para poder hacer hasta cinco copias a la vez. Las páginas mecanografiadas luego se coserían para preparar libros de estudio para los alumnos que asistieran a la escuela.

Al principio, los ancianos de la iglesia de Oak Flat no estaban entusiasmados cuando Belle les presentó el plan de enseñanza bíblica de tres meses en la iglesia.

—Si asisten quince personas y se quedan en el pueblo tres meses, tendremos que proporcionarles mucho maíz. Nunca hemos hecho esto. ¿Dónde encontraremos tanta comida? —preguntó Me-do-me-pa, el evangelista de la iglesia.

—Veremos cómo Dios provee todo —respondió Belle, sabiendo que esta era una idea exagerada para los cristianos lisu de Oak Flat.

Siguieron más conversaciones sobre el plan y, finalmente, los ancianos de la iglesia votaron y aprobaron la Escuela bíblica estación lluviosa. Poco después de la votación, John y Belle recibieron una carta de James dándoles permiso para comenzar el programa. «¡Cuánto mejor es que los lisu se enseñen unos a otros y sigan construyendo una iglesia nativa fuerte, independiente de los misioneros extranjeros!», decía en la carta.

Belle sabía lo que quería decir. Corría el año 1938 y los japoneses se habían adentrado hacia el sur de China, capturado Pekín y Shanghái y ocupado gran parte del norte y centro del país. El ejército chino, que había estado involucrado en una guerra civil contra las fuerzas comunistas que querían convertir el país en un estado marxista, había unido fuerzas con el enemigo y, juntos, intentaban detener el avance japonés, pero con escaso éxito. Aunque los traicioneros senderos de alta montaña y los escasos recursos de la región ofrecían pocas razones a los japoneses para molestar a los lisu, los chinos de otras regiones trabajaban bajo la brutal ocupación japonesa. Todavía no estaba claro qué iba a ser de los misioneros en China. Por eso, la advertencia de James de edificar una iglesia nativa fuerte, que fuera independiente de los misioneros extranjeros, a Belle le pareció clarividente.

James terminó su carta diciendo que enviaría a dos misioneros varones solteros para ayudar con la obra entre los lisu. Bella se sintió eufórica. Tendría más tiempo para dedicarse a preparar la escuela bíblica; lo que ahora necesitaban eran alumnos. Con tal propósito, envió invitaciones a líderes de iglesia y evangelistas en toda la región montañosa con información sobre la EBELL.

El 28 de mayo de 1938, los alumnos comenzaron a llegar a Oak Flat para asistir a la escuela bíblica. El primero en aparecer fue Job, de Pine Mountain. A sus treinta y ocho años, era el alumno de mayor edad. Pronto aparecieron otros con ropa y sacos de dormir colgados a la espalda, y cargando sacos de arroz y maíz. Al final del día, dieciocho alumnos se presentaron a la escuela. Quince de ellos eran hombres y tres, Homay entre ellas, mujeres. Por supuesto, Homay tenía una ventaja sobre los demás, ya que había escrito a máquina el plan de estudios de la escuela. Los alumnos se instalaron en pequeñas chozas de bambú que serían su hogar durante la EBELL, y se reunían para asistir a clase en una gran choza con costados de bambú tejido y desgastado.

Belle, que era la profesora principal de la EBELL, empezó a enseñar al día siguiente. Cada día de la semana se dividió en períodos de estudio bíblico, práctica de predicación y técnicas de evangelización personal, junto con coros e himnos. Los fines de semana, los alumnos desafiaban diluvios y visitaban pueblos cercanos para practicar las destrezas aprendidas. Las semanas fueron pasando y algunos alumnos caminaban en parejas hasta cuarenta kilómetros en cada sentido para predicar en un servicio dominical o visitar un pueblo que aún no había oído el evangelio.

La gente de los pueblos circundantes estaba tan agradecida de oír más enseñanzas cristianas que enviaban a los jóvenes evangelistas de regreso a Oak Flat con comida e incluso monedas de plata, para que hubiera suficiente comida y bebida para alimentar a todos durante los tres meses que duraba la escuela.

Cada día de la EBELL fue una nueva aventura para Belle, a quien le encantaba conocer a los alumnos de la escuela. Además de Job, estaba Aristarco, quien había dejado un trabajo que le pagaba sesenta dólares al año para asistir a las clases. Y Silas, de veintitrés años, que parecía tener grandes dificultades para recordar las lecciones, pero podía hablar con gran detalle sobre puntos menores de doctrina. Por no mencionar a Natanael, de veintidós años, que tenía dificultades para leer y escribir, pero podía predicar sermones fascinantes.

Homay floreció en la escuela. Parecía llevarse particularmente bien con Thomas, otro de los alumnos. Belle disfrutaba viendo el resplandor de sus ojos y su sonrisa brillante cuando estaba con él, especialmente después de la muerte de su prometido, Joseph.

Belle también tuvo que hacer frente a algunas dificultades didácticas interesantes. Dado que el idioma lisu no tenía una palabra para conciencia, necesitó dar algunas explicaciones creativas para transmitir este concepto a sus alumnos. Tampoco había palabras en lisu para designar la santidad y la humildad, conceptos que requerían alguna explicación. Belle descubrió que tenía que pasar mucho tiempo enseñando a los alumnos a no preocuparse tanto por la costumbre cultural de los lisu de apaciguar demonios, sino a centrarse en Dios, Wu-sa, y adorarle, porque Él es más grande que los demonios. También pasó tiempo explicando la diferencia entre la ley y la gracia.

No obstante, Belle persistió y, al cabo de tres meses, se celebró la ceremonia de clausura de la EBELL en la iglesia de Oak Flat. Los alumnos se vistieron con sus mejores galas y se pusieron una flor en el ojal. Uno de los alumnos fue elegido para predicar en la ceremonia de clausura, mientras que los demás dieron un testimonio de cinco minutos. Otro alumno, Junia, no podía decidir qué ropa ponerse para la ceremonia, con que se puso toda la que tenía. Cuando se levantó para dar testimonio, sudaba profusamente, lo que provocó la risa de los alumnos. Se cantó mucho en el servicio, pues los alumnos interpretaron todos los coros e himnos que habían aprendido. Al final de la ceremonia, cada alumno recibió un certificado de haber completado con éxito la EBELL.

Una vez concluida la escuela bíblica, Belle hizo una lista de ideas para incorporar al año siguiente. Además, nada más finalizar la escuela, Thomas y Homay se casaron, para deleite de Belle. Pensó que hacían una buena pareja.

«Hay gente lisu aquí que necesita oír el evangelio en su propio idioma», decía una carta que John y Belle recibieron justo cuando la escuela tocaba a su fin. La carta, había sido remitida por un misionero en Yongpeh, área tribal al este del desfiladero del río Yangtse, a unas dos semanas de viaje desde Oak Flat. El misionero preguntaba a los Kuhn si podían enviar a dos evangelistas lisu a laborar entre los naturales de Yongpeh. John y Belle presentaron la solicitud a los ancianos de la iglesia de Oak Flat, quienes oraron, y finalmente decidieron enviar a Aristarco y Segundo, que acababan de cursar la EBELL.

Una vez que los dos jóvenes emprendieron viaje a Yongpeh, Belle centró su atención en escribir sus experiencias entre los lisu en forma de libro. Intentó dedicar algo de tiempo a escribir cada día, y su manuscrito, titulado Cosas preciosas de las colinas perdurables, salió bien. Belle pudo usar copias de sus muchas cartas de oración para completar detalles.

Tras haber completado un borrador del manuscrito, Belle se centró en el siguiente proyecto: un viaje a través de las montañas a Goo-moo, Birmania, para apoyar la obra cristiana local. Se hicieron preparativos para el viaje. Thomas y Homay, Lucius (otro alumno de la EBELL) y otros siete cristianos (un guía, un intérprete, un cocinero, un mulero y tres cargadores) acompañarían a John y Belle. Proyectaron partir hacia Goo-moo a principios de octubre, al final de la temporada lluviosa.

Justo antes de que el grupo emprendiera el viaje, llegó un mensajero con una triste noticia: James Fraser había muerto de malaria en Paoshan el 25 de septiembre. Belle no podía creer lo que estaba oyendo. No había nadie más en el mundo que entendiera su labor en favor de los lisu y pudiera aconsejarles bien a John y a ella. El corazón de Belle se compungió de la viuda de James y sus tres hijas pequeñas, e inmediatamente escribió una carta dando el pésame a Roxie Fraser.

James no solo había sido para Belle la persona que la introdujo a la difícil situación del pueblo lisu catorce años antes en The Firs, Bellingham, Washington, sino que durante los años intermedios también había su sido asesor y mentor espiritual. Ella lo extrañaría profundamente. En su diario, después de enterarse de la muerte de James, escribió:

«No había nadie en la tierra que tuviera un conocimiento tan completo de nuestros problemas y nadie podía compartir tan perfectamente nuestras alegrías y tristezas… John y yo tenemos, forzosamente, que adentrarnos en una época completamente nueva porque la vida nunca podrá volver a ser igual sin él».

Al enterarse de la muerte de James, los cristianos lisu se pusieron de luto. En su dolor, se unieron y recolectaron la suma de veinte dólares, en plata, para sufragar el entierro del misionero en Paoshan. Luego, una delegación lisu se dirigió a Paoshan para entregar el dinero y asistir al servicio conmemorativo de James. Belle quiso acompañarles y presentar sus respetos a su amiga y mentora, pero los planes para viajar a Goo-moo estaban avanzados y John y ella partirían muy pronto.

Por lo que respecta a Belle, algo positivo salió de la inesperada muerte de James. Los combates en China se iban agravando de día en día, y James era quien mejor comprendía cómo los combates afectaban a las diversas oportunidades y destinos de los misioneros de la CIM en toda la región. Ahora que él no estaba, los líderes de la CIM decidieron que sería prudente dejar a todos los misioneros apostados donde James los había colocado. En consecuencia, el puesto temporal de John e Isobel Kuhn entre los lisu, en Oak Flat, pasó a ser permanente. No era exactamente como a Belle le hubiera gustado que se aclarara su destino, pero aceptó la noticia con corazón agradecido.

Finalmente, los misioneros emprendieron el viaje a Goo-moo. Belle sabía que el viaje sería difícil, pero estaba encantada de ponerse en camino. Recordó su primer viaje a Lisulandia, cuatro años antes, y la llegada de los tres jóvenes de Goo-moo a la puerta de Leila Cooke rogando que un maestro los acompañara a su pueblo en Birmania y les enseñara más acerca de Jesús. En los últimos años, varios evangelistas lisu habían ido a Goomoo para responder a la necesidad, y Belle podría ver de primera mano el resultado de su trabajo.

En el primer día de viaje descendieron la cadena montañosa en que vivían, cruzaron el río y escalaron la siguiente cadena. Cuando acamparon esa noche en la cima, Belle oteó hacia el otro lado del valle y vio el techo de su casa de bambú en Oak Flat. Al día siguiente continuaron el viaje, cruzaron más montañas, e hicieron lo mismo al día siguiente. Luego comenzaron a ascender 3.350 metros hasta el puerto de Pien-Ma, puerta de entrada a Birmania. Cuando llegaron a la cima, a última hora de la tarde, y cruzaron la frontera, Belle saboreó las vistas. Detrás de ella, en China, los montes se extendían hasta donde alcanzaba la vista, al igual que los de Birmania, frente a ella. Se apresuraron al otro lado del puerto de Pien-Ma, con la esperanza de descender lo más rápido posible antes de que oscureciera. Cuando la oscuridad finalmente los envolvió, acamparon para pasar la noche junto a un fuerte británico desierto.

El clima en Birmania era ostensiblemente más cálido y los pinos que se aferraban a las laderas del lado chino de la frontera dieron paso a una exuberante jungla. Durante los tres días siguientes, el grupo siguió viajando, atravesando exuberantes valles adornados con orquídeas y cascadas que parecían caer del cielo al fondo del valle. A Belle le fascinó la belleza circundante, aunque el viaje a ese lado de las montañas no estuviera exento de dificultades. Había sanguijuelas por todas partes buscando piel desnuda a la que aferrarse, y Belle vio varias serpientes grandes deslizarse por el sendero frente a ellos.

Finalmente, a última hora de la tarde, cruzaron el último río antes de llegar a Goo-moo. Para cruzar este río tenían que flotar sobre una frágil balsa para dos personas atada con tiras de corteza. Cuando la oscuridad cayó sobre el río, solo lo había cruzado medio grupo. Una vez que oscureció, los hombres que remaban en la balsa se negaron a volver por los que aún no habían cruzado. Se disculparon diciendo que podían chocar contra una roca sumergida y ser arrastrados por la corriente. Sin embargo, al salir una luciente luna llena dos horas después, los remeros acordaron transportar al resto del grupo. Belle vio regresar la balsa con las mulas. Los aterrorizados animales fueron atados a la balsa por la cola, y los hombres que la guiaban extendieron las manos y mantuvieron la cabeza fuera del agua mientras nadaban junto a ella. Belle nunca había visto mulas tan contentas de llegar a la ribera opuesta de un río.

Cuando todos cruzaron sanos y salvos, llegó el momento de dirigirse a Goo-moo, que se encontraba en la ladera de un monte, a más de seiscientos metros cuesta arriba. El sendero que ascendía del río por la ladera del monte era tan empinado que Belle no pudo subirlo montada en su mula Jasper. Pero caminó detrás de ella, agarrada a su cola para poder subir. En la oscuridad, no tenía ni idea de dónde pisaba. Se limitó a seguir a Jasper paso a paso, esperando que, sumida en la oscuridad, no acecharan serpientes por el camino.

Poco después de la medianoche, el grupo llegó a Goo-moo, donde los cristianos esperaban ansiosamente su llegada. Cuando llegaron al pueblo, hubo, como de costumbre, muchos apretones de manos.

La gente del pueblo había construido una choza de bambú con techo de hojas de plátano para que John y Belle se alojaran. Belle dio gracias por tener una cama donde dormir esa noche.

Durante las siguientes semanas, John y Belle permanecieron en los alrededores de Goo-moo, enseñando a los cristianos nativos y dirigiendo el canto en la capilla blanca que habían construido en el pueblo.

También predicaron en las aldeas periféricas donde la gente aún no había oído el evangelio.

Pero pronto llegó para los misioneros el momento de regresar a Oak Flat. Los cristianos lisu nativos se encariñaron mucho de Thomas y Homay, y rogaron a los Kuhn que dejaran a la pareja en el pueblo seis meses para poder aprender más de la Biblia. John y Belle accedieron, y Thomas y Homay se instalaron en la cabaña de bambú. El resto del grupo llegó a Oak Flat justo a tiempo para ayudar a planificar las fiestas navideñas.

Cuando John y Belle llegaron a Yongpeh les esperaba una carta de Aristarco y Segundo. ¡La carta contaba una historia increíble! Se habían puesto en contacto con los lisu de la zona. Habían pedido prestada una casa en un pueblo y allí celebraban servicios de culto. También habían visitado otras aldeas lisu y predicado en ellas. Como resultado de su esfuerzo, treinta y cinco familias, unos doscientos Lisu en total, se habían convertido a Cristo.

La noticia de los dos hombres entusiasmó a Belle. He ahí dos alumnos de la EBELL predicando el evangelio a personas que nunca lo habían oído y viendo muchos conversos. La cosecha era más abundante de lo que Belle había esperado cuando concibió la escuela bíblica.

La carta también contenía otras noticias emocionantes. Aristarco y Segundo habían contactado con la tribu lolo. Belle había oído hablar de ella. Tenía una reputación temible en todo el distrito de Yongpeh. Unos cien mil lolo, pueblo agresivo que a menudo secuestraba chinos y lisu por igual y los retenía para pedir rescate, vivían en la región. Desde 1928, James Fraser había orado por los lolo y buscado la manera de que los misioneros de la CIM penetraran en su territorio y les predicasen el evangelio. Y resulta que dos jóvenes de la EBELL habían establecido ese primer contacto y estaban dando pasos tentativos para ese propósito. Aristarco y Segundo pidieron que se les permitiera seguir más tiempo en el distrito de Yongpeh para continuar la labor que habían comenzado. John y Belle enviaron una carta con un sí incondicional a la solicitud de los hombres.

Poco después de terminar las celebraciones navideñas, Belle comenzó a hacer preparativos para la siguiente EBELL. Al mismo tiempo, los Cooke regresaron a casa de permiso y los Kuhn asumieron la responsabilidad de su trabajo misionero en curso a favor de los lisu en el área de Luda.

A Belle le encantaban los desafíos que acarreaba esa responsabilidad, pero sobre todo le incentivaba el reto de planificar una escuela aún mejor que la primera. Nuevamente sus esfuerzos dieron sus frutos. La siguiente EBELL también fue un gran éxito, ya que varios participantes de la primera escuela regresaron por segunda vez. En el buen tiempo los alumnos se sentaban al aire libre alrededor de una fogata mientras los veteranos de la primera escuela contaban sus aventuras de fe después de terminar sus estudios. Mientras la escuela seguía su curso, Thomas y Homay regresaron de Goo-moo con historias maravillosas para agregar a las de los otros alumnos.

Llegó otra carta de Aristarco y Segundo contando cómo unos doscientos cincuenta lolo se habían convertido al cristianismo y estaban trabajando duro en la construcción de una capilla para reunirse. Los dos jóvenes evangelistas preguntaron si podían recibir refuerzos de Oak Flat para ayudarles en la obra. Aristarco y Segundo a menudo explicaban que estaban tan ocupados que tenían que separarse e ir a enseñar y predicar solos. John y Belle analizaron la situación y finalmente decidieron enviar a Gad y Daniel, dos alumnos de la primera escuela, para ayudarles en Yongpeh.

Cuando concluyó la segunda EBELL, la única preocupación de Belle fue Thomas, el esposo de Homay. Desde que regresara de Goo-moo, Thomas había comenzado a sufrir terribles dolores de cabeza que afectaban tanto su visión que apenas podía ver. Belle y John hablaron del problema y decidieron que lo mejor sería enviar a Thomas de regreso a Birmania, al hospital de la misión. La caminata hasta el hospital fue larga y peligrosa, y Homay no pudo acompañar a Thomas, ya que acababa de descubrir que estaba esperando un bebé. Tan pronto como terminó la EBELL, Thomas salió con varios varones cristianos para recibir asistencia médica.

La vida misionera entre los lisu siguió un patrón para John y Belle. A las festividades de Navidad y de Pascua, seguían la Escuela bíblica estación lluviosa, y las caminatas a las avanzadillas[1] cristianas cercanas y lejanas por toda Lisulandia. Finalmente, en febrero de 1940, llegó el muy esperado Nuevo Testamento en lengua lisu, lo que hizo que la perspectiva de la nueva EBELL fuera aún más emocionante para todos. Mientras tanto, Thomas llegó de Birmania sintiéndose mucho mejor y, ¡Homay le presentó a su hijo! Todo parecía ir bien, pero profundas sombras estaban a punto de cernirse sobre el mundo de Belle.

1 Avanzadillas: Aquello que se adelanta, anticipa o aparece en primer término.

Capítulo 15

Zona de guerra

En marzo de 1940, se puso en marcha la siguiente Escuela bíblica estaciónl luviosa. John y Belle se turnaron para enseñar a un grupo de alumnos entre los que se encontraba el primer lolo converso gracias a la obra evangelizadora de Aristarco y Segundo, en el distrito de Yongpeh. Sin embargo, a medida que el curso avanzaba, la salud de Me-do-me-pa, el evangelista de Oak Flat, comenzó a decaer. Belle no estaba segura de cuál era la causa, pero sospechaba que tenía cáncer. Noche tras noche ella y Homay visitaban su choza, tocaban la guitarra y cantaban coros al evangelista. Belle deseaba poder hacer algo más para ayudar al primer hombre en la zona en convertirse al cristianismo, pilar de la iglesia y amigo y ayudante de John y suyo. Pero no pudo hacer nada, y cuando finalizó la EBELL, Medo-me-pa falleció.

Belle y Homay estuvieron juntas en el funeral de Me-do-me-pa, que se celebró por la noche, al aire libre, en Sunset Ridge. Una hoguera crepitaba mientras John elogiaba a Me-do-me-pa. Fue un servicio maravilloso, que le honró adecuadamente por todos sus logros en la comunidad. Pero mirando en derredor, a la luz parpadeante del fuego, los rostros de los reunidos, Belle no sabía cuán pronto asistiría a otro funeral.

Pocos meses después del funeral de Me-do-me-pa, Homay comenzó a sentirse débil y letárgica. Al principio, Belle pensó que el esfuerzo de la maternidad era demasiado para ella, pero luego se dio cuenta que eso era ridículo. Homay era la joven más eficiente y capaz en kilómetros a la redonda, o al menos lo había sido. Pero ahora se cansaba fácilmente y se quedaba dormida durante el día. A los tres meses, el cuerpo regordete de Homay se había consumido. No hubo nada que Belle u otra persona pudiera hacer por Homay, y murió en la primavera de 1941, dejando atrás a su esposo, Thomas, y a su hijo de dieciocho meses.

La muerte de Homay fue demasiado para Belle, pero sabía que tenía que continuar. Con China en plena guerra, era probable que tuviera que sufrir más tragedias antes que terminara la contienda.

El siguiente disgusto llegó a finales de 1941 del otro lado del mundo. John y Belle se miraron estupefactos, al conocer una noticia, que se había producido hacía tres semanas, difícil de digerir. Japón había bombardeado Pearl Harbor, en Hawái, el 7 de diciembre de 1941 y, a resultas de ello, Estados Unidos había declarado la guerra a Japón. Belle suspiró. En tiempos así era difícil alejarse de cualquier tipo de noticia. ¿Qué habría sucedido desde entonces? Quizás Estados Unidos había atacado Japón o los japoneses habían ocupado Birmania. Todo era posible. Belle se esforzó por controlar su viva imaginación respecto a las cosas que podrían estar sucediendo.

Mientras Belle consideraba la situación, sus pensamientos se dirigieron inmediatamente a Kathryn y se sintió presa del pánico. Hasta entonces, tanto los chinos como los japoneses habían tratado a los europeos en China como neutrales y les permitían ocuparse de sus asuntos. Pero una vez que Estados Unidos y los aliados eran enemigos de Japón, seguramente las cosas cambiarían para los europeos. Cuando Belle oyó el rumor de que los japoneses estaban a punto de invadir Chefoo, su instinto maternal la instó a empacar sus cosas e ir en busca de su hija. Afortunadamente, prevaleció el sentido común. Ni Belle ni John tenían forma de contactar con Chefoo si el lugar estaba siendo atacado. Belle sabía que lo mejor era dejar a Kathryn, de diez años, en las manos de Dios y confiar que el fiel personal de la escuela de la CIM en Chefoo haría todo lo posible por cuidar de su hija, a pesar de todo.

La semana siguiente, John, quien desde la muerte de James Fraser había actuado como director de la obra de la CIM en la provincia occidental de Yunnan, partió para asistir a una conferencia en Chungking. Planeaba ausentarse de Oak Flat durante tres meses. Con la preocupación por el destino de Kathryn y John ausente, Belle decidió organizar una escuela bíblica solo para mujeres lisu. El 1 de febrero de 1942, veinticuatro mujeres respondieron con entusiasmo a la invitación de asistir a la escuela. Una de las mujeres que se inscribieron era una joven ciega llamada Sah-me-nyio. Belle tenía algunas reservas para aceptarla. Una infección en el ojo le había privado de la vista, pero antes de que la niña quedara ciega, podía leer y escribir. Ahora, sin embargo, tendría que pedir a alguien que le leyera en voz audible y escribiera las cosas que ella quería decir.

Cuando comenzó la escuela de un mes, Belle descubrió por qué Sah-me-nyio era conocida como la niña cantora ciega del pueblo de Deer Pool. Sah-me-nyio era una de las cristianas más felices que Belle había conocido, y también, una de las más inteligentes. Sah-me-nyio memorizaba grandes porciones del Nuevo Testamento y superó todas las pruebas entre las primeras de la clase. Cuando terminó la escuela, preguntó a Belle si la podían enviar a predicar a las montañas.

Belle no sabía cómo responder a la solicitud de Sah-me-nyio. Nunca había soñado que una mujer ciega quisiera escalar montañas para compartir el evangelio con otros lisu, pero había una que quería hacer precisamente eso. Belle resolvió finalmente que si eso era lo que Sah-me-nyio quería hacer, debía permitírselo. Pero antes que se pudiera organizar un viaje evangelizador de este tipo, Sah-me-nyio enfermó de fiebre tifoidea, y pronto se hizo evidente que se estaba muriendo. Belle rompió a llorar cuando conoció lo último que Sah-me-nyio había declarado a su familia: «Solo sé dos cosas: que Dios nos ama y que Él es fiel. Cuando me haya ido, exalten y den gloria a Dios. No se quejen. Mantengan la fe. Despertaré en la tierra de la luz».

Hacia mediados de marzo, Belle tuvo que abordar otra situación: su propia salud. Desde la Navidad le venía doliendo un diente que había traspasado el umbral del dolor soportable. No importaba lo que hiciera, Belle no lograba obtener alivio. De mala gana, hizo planes para ir al dentista competente más cercano, que se encontraba en Kunming. Lo único que la animó a hacer el viaje fue la expectativa de ver a Kathryn y David Harrison, hermana y cuñado de John, en Kunming. También pensó que podría encontrarse con John y juntos podrían viajar de regreso a Oak Flat.

El viaje a Kunming resultó más espeluznante de lo que Belle se había imaginado. Hubo que cubrir el largo trayecto habitual de Oak Flat a Paoshan, donde Belle conoció a dos pilotos de los *Flying Tigers* (Tigres voladores), nombre popular del Primer grupo de voluntarios estadounidenses. Era un grupo de ex pilotos que se habían ofrecido como voluntarios para servir a las fuerzas aéreas chinas, tripulando aviones de combate para defender el país de los ataques aéreos japoneses. Originalmente, estos pilotos tenían su base en Birmania, defendían el puerto de Rangún y la carretera que iba de Birmania a Kunming, que era una importante ruta de suministro para los chinos. Pero cuando los japoneses finalmente capturaron Rangún y cada vez más territorio birmano, se ordenó a los Tigres voladores que trasladaran su base de operaciones a Paoshan. Los *Flying Tigers* que Belle había conocido estaban a punto de conducir hasta Kunming, y amablemente se ofrecieron a llevarla con ellos. ¡Menudo viaje resultó siguiendo la ruta desde Birmania hacia el este con destino a Kunming!

La carretera a Birmania se había completado tres años antes, pero esta era la primera vez que Belle viajaba por ella. Había pensado que sería más fácil viajar a Kunming por carretera, en coche, o camión, que a pie, como solía hacer, pero resultó estar equivocada. A medida que descendía las montañas, la carretera de Birmania se retorcía sobre sí misma como una serpiente en casi todas las curvas. Belle miraba hacia abajo y veía restos de vehículos que no habían logrado sortear las curvas con el ángulo y la velocidad apropiados. Debido a las angustiosas y empinadas curvas cerradas, su avance era lento y, a menudo, pasaba bastante tiempo sin que vieran a nadie transitar por la carretera.

Luego, el cuarto día de viaje por dicha carretera, el auto se descompuso. Los aviadores conocían poco la cultura china y decidieron que, dadas las circunstancias, lo mejor que podían hacer era detener el siguiente vehículo que pasara y obligar al conductor a llevarlos, a punta de pistola, si era necesario. Belle se encogió ante la idea y trató de convencer a los aviadores para que le permitieran negociar con el conductor. Estaba nerviosa, principalmente porque no había usado el idioma chino desde hacía varios años.

Afortunadamente, su fluidez en lengua china no tuvo que ser puesta a prueba, ya que el primer vehículo que pasó iba conducido por un europeo que se ofreció a llevarles. Desgraciadamente, el vehículo no tenía espacio para llevar su equipaje y Belle tuvo que dejar su cama y un paquete de ropa en el auto averiado. Los aviadores dijeron que enviarían a alguien a buscarlos, pero Belle sabía que nunca los volvería a ver.

Cuando llegó a casa de los Harrison, en Kunming, Belle estaba exhausta y se sentía bastante enferma. Estuvo a punto de echarse a llorar cuando descubrió que David y Kathryn no estaban en Kunming, sino predicando en el área rural. Afortunadamente, Eva, la hija de un pastor chino, encargada de cuidar la casa de los Harrison en su ausencia, dejó entrar a Belle y se dedicó a cuidarla.

Al día siguiente, Belle fue al dentista quien examinó el diente y le informó que la infección se le había extendido por todo el cuerpo, y esa era la causa de que se sintiese tan enferma. Un día más de demora en ir en busca de ayuda podría haber sido letal para salvar su vida.

Para alivio de Belle, David y Kathryn llegaron a casa varios días después, y el 5 de abril de 1942, domingo de Pascua, John se reunió con ellos en

Kunming. Las noticias que traía no eran buenas. Los japoneses se habían vuelto más agresivos, iban penetrando más en territorio chino y también controlaban gran parte de Birmania. Belle se obligó a mantener la calma, a pesar de que tanto su hija como su casa en Oak Flat corrían peligro.

Para acentuar las terribles noticias que trajo John, aviones japoneses bombardearon Paoshan, matando a mil quinientas personas. Belle no podía comprender el desperdicio de tantas vidas preciosas. Y siguieron las malas noticias. Los japoneses descendían ahora sobre la provincia de Yunnan, a pie, en tres direcciones. En consecuencia, John asumió la responsabilidad de ir y advertir a los misioneros de la CIM en la región de este giro de acontecimientos. La mayoría de los misioneros servían en lugares donde no había recepción de radio, y John no quería que los japoneses los tomaran completamente desprevenidos.

Belle pasó días angustiosos orando para que su esposo regresara sano y salvo. Y lo consiguió. Pero luego emprendió otra misión, igualmente peligrosa, para advertir a los que estaban en Tali. De este viaje no volvió, y no hubo noticias de lo que le había podido suceder. David Harrison trató de asegurar a Belle que todo iría bien, que lo más probable es que John hubiera sido interceptado por los rivales en la contienda.

Mientras tanto, Belle pasaba sus propios apuros. Llegó a Kunming la noticia de que los japoneses habían ocupado completamente Birmania y avanzado a lo largo de la carretera hasta el valle del río Salween. A raíz de ello, las autoridades chinas solo permitían que las personas con pases se movieran por el campo, y no concedieron pase a Belle para entrar en una zona tan arriesgada, aunque su casa estuviera allí ubicada.

Belle oró para saber qué hacer, pero no halló la paz. Finalmente, tomaron la decisión por ella. El cónsul británico en la zona, ante quien Belle era responsable como ciudadana canadiense, le ordenó unirse al convoy de la Royal Air Force que se dirigía al norte de la provincia de Szechwan. Belle se mostró reacia porque así se alejaría de Oak Flat y dejaría a John en algún lugar de la provincia de Yunnan, en medio de la lucha. Pero se consoló cuando los Harrison decidieron que era hora de evacuar Kunming, con Belle, y más aún cuando el comandante de la Royal Air Force permitió que Eva les acompañara. Belle se había encariñado de Eva y ambas habían desarrollado una amistad durante su estadía en casa de los Harrison.

El accidentado viaje hacia el norte duró siete días. Siete días más lejos de John, pensó Belle, protegiéndose los ojos del polvo que levantaban los camiones del convoy. Finalmente llegaron a la norteña provincia de Szechwan, donde los misioneros que allí servían dieron la bienvenida a Belle y a los transportados en el convoy.

Acostada sobre un pallet, en el suelo, la primera noche que pasó con los misioneros, Belle trató de pensar qué debía hacer a continuación. Estaba a cientos de kilómetros de toda persona conocida; no tenía dinero, sólo la ropa que llevaba puesta; y no tenía permiso para viajar. ¿Qué debía hacer? Llegó a la conclusión de que poco podía hacer, excepto trabajar para la misión y pedir a Dios que le abriera camino.

Belle aún tuvo más motivos de oración en los días siguientes cuando se enteró de que los japoneses habían capturado a noventa y siete niños, hijos de misioneros, en la escuela de la CIM en Chefoo. El corazón de Belle dio un vuelco pensando que Kathryn estaría sola, sin hermanos ni hermanas que la consolaran y animaran. Los japoneses habían sido tan crueles con las mujeres y los niños chinos que Belle se estremeció pensando en lo que podrían hacer a su preciosa hija.

Después de una semana de agonía, Belle se enteró de que Kathryn y los niños de la escuela habían sido trasladados a un campo de internamiento japonés y que los maestros y el personal, junto con Roxie Fraser, viuda de James, y sus tres hijas pequeñas, también estaban con ellos. Esta noticia hizo que Belle descansara un poco más tranquila, aunque deseaba con todo su corazón tener cerca a John para apoyarse en él. Trató de no dejar volar su imaginación y se recordó a sí misma que John estaría vivo y que dondequiera que estuviera, Dios lo estaría cuidando.

Pasó un mes en la provincia de Szechwan antes de que se filtrara la noticia de que los japoneses habían sido expulsados del río Salween y que los lisu de Oak Flat no habían resultado afectados. Belle elevó una plegaria de agradecimiento. Estaba segura de que Dios quería que ella regresara a su hogar en Oak Flat. La cuestión era, ¿cómo? No tenía dinero ni transporte para hacer el viaje. E igual de importante, no tenía invitación oficial de John para viajar allá. Como jefe interino de la CIM en la provincia occidental de Yunnan, John necesitaba emitir una invitación de este tipo para que se permitiera a Belle atravesar una zona de guerra.

No sabiendo qué hacer, Belle visitó un cementerio cercano, donde estaba segura de que la dejarían sola. Allí derramó su corazón ante Dios en oración. Cuando salió del cementerio, lo hizo confiando que su situación iba a cambiar.

Efectivamente, así fue. La mañana siguiente, Belle recibió un telegrama de John. Sintió gran alivio al saber que estaba vivo. En el telegrama, John le pedía encontrarse con ella en Tali. Esa fue la solicitud oficial que necesitaba para viajar.

Luego, una bolsa de correo llegó a la casa de la misión en la provincia de Szechwan. Era el primer correo que Belle veía en meses. En la bolsa había dos cartas para ella, fechadas con seis meses de diferencia. Belle las abrió ansiosamente, ambas remitidas por la misma persona, la joven que asistía al Instituto Bíblico Moody, a quien John y Belle habían dado dinero cuando estaban de permiso. Aunque Belle le había asegurado que el dinero era un regalo, la mujer insistió en que se lo devolvería, ¡y así lo hizo! Cada carta contenía un cheque de cincuenta dólares, suficiente para pagar el viaje de Belle a Kunming.

Un amigo se enteró de que un convoy de tres camiones, de propiedad privada, se dirigía hacia el sur, a Kunming, y tenía espacio para dos pasajeros más. Belle rió encantada cuando emprendió el viaje a su casa en Oak Flat. Tenía suficiente dinero en mano para pagar su pasaje y el de Eva. Belle tuvo que admitir que se llevó una sorpresa cuando contó a Eva sus planes de regresar al pueblo lisu y ésta le suplicó acompañarla como asistente suya. Los chinos de la zona, incluso los cristianos, despreciaban a los lisu y demás tribus étnicas que vivían en las montañas de la provincia occidental de Yunnan. Según la leyenda china, cuando Dios terminó de crear el mundo, raspó el barro de sus sandalias y formó con él a los lisu y a las demás tribus. Así pues, los chinos les consideraban gente de la tierra. A Belle le pareció excelente que, como china, Eva quisiera dejar de lado este prejuicio y acompañarla a los lisu.

El viaje a Kunming fue horrible: Belle no encontraba palabras para describirlo. Sin embargo, tanto ella como Eva llegaron finalmente ilesas. Desde

Kunming, las dos mujeres siguieron hasta Tali, donde John había dicho que se encontrarían. Pero llegaron a Tali y descubrieron que John había salido con una ambulancia cuáquera a la zona de combate en torno a Paoshan. Cuando se enteró, Belle se preguntó cuánto más podría soportar. Como no podía obtener permiso para ir a John a Paoshan, tendría que esperar y rogar por el seguro regreso de su esposo.

No obstante, después de un día de espera, Belle resolvió que ya había tenido suficiente. ¡Era hora de actuar! Caminó hasta el cuartel general del general Song, a cargo del frente de batalla occidental de Yunnan, y solicitó entrevistarse con él. Se proponía pedirle un pase para viajar a Paoshan, para poder estar con John. Un guardia le dijo que esperara a la puerta. Pasaron las horas, esperando. Algunos soldados se acercaron a verla. Belle cayó en la cuenta de que probablemente aquello era un espectáculo: una mujer blanca y flacucha, con ropa harapienta, grave talante y resolución en el rostro. Al final, convenció a uno de los soldados para que presentara su solicitud de reunirse con el general Song. El soldado volvió poco después para informarle que el general había rechazado su petición.

Cuando Belle regresaba a la casa de misión de la CIM en Tali, se preguntó si el general habría recibido la solicitud. Todo un día de espera a la puerta del cuartel general había sido en vano. Sin embargo, esa noche, Belle se alegró cuando supo que el general Song le había prestado atención. Le envió un mensaje para comunicarle que podía esperar que su esposo regresara pronto a Tali, que había sido convocado y esperaba que ambos asistieran a un banquete que el general iba a organizar. Este mensaje desconcertó a Belle. ¿Qué podría estar tramando el general Song?

Varios días después, el 4 de agosto de 1942, John regresó a Tali. Belle se regocijó de volver a verlo, y los dos se fundieron en un largo abrazo. Luego llegó el momento de ir al banquete del general Song.

—El general, obviamente, quiere algo de nosotros —dijo John mientras caminaban hacia el cuartel general. Qué recepción tan distinta se dispensó a Belle cuando John y ella llegaron a la sede. Los mismos guardias que la habían ignorado y dejado tirada en la puerta durante horas ahora se inclinaban ante ella y John mientras eran conducidos a la residencia privada del general. El general Song les dio una calurosa bienvenida y les presentó a su esposa, una mujer refinada que hablaba un inglés perfecto.

Durante una cena copiosa, el general fue directamente al grano.

—La situación es la siguiente —comenzó diciendo—, hemos comprobado el avance japonés en el puente sobre el río Salween, como usted sabe. Pero el enemigo luego se dirigió hacia el norte, por el valle, en busca de otro lugar para cruzar el río. Mientras tanto, consiguieron ayuda de las tribus paganas y establecieron avanzadillas. Los chinos hemos descuidado a estas gentes durante mucho tiempo, pero ahora debemos conseguir su ayuda y evitar que los japoneses establezcan avanzadillas más arriba en el valle.

John y Belle se miraron y supieron que pensaban lo mismo. Sí, los chinos habían descuidado y explotado, no solo a los lisu sino a todas las tribus que vivían en las montañas de la región, refiriéndose a ellos como gente infrahumana de la tierra. Así pues, ¿era de extrañar que algunos de ellos hubieran sido tentados a ayudar a los japoneses? El general Song prosiguió.

—Llamé a los señores de la guerra para que vinieran a reunirse conmigo con la esperanza de aprovechar su influencia con los lisu para ganarlos para nuestra causa, pero resultaron no ser más que borrachos del opio. Lo único que les importa es el opio. No se preocupan por los que viven en su territorio.

Belle se vio tentada a interpelar: ¿Qué cabe esperar de hombres que llaman a los lisu gente mono? Pero se mordió la lengua y guardó silencio.

—Y luego pensé en ustedes —dijo el general Song— Son respetados en la zona. Hablan chino y lisu. Así que envié por ustedes. ¿Nos ayudarán a conquistar la amistad de los lisu y advertirles del peligro de cooperar con los japoneses?

—Eso es lo que hemos venido haciendo desde que estalló la guerra —dijo John—. Hemos dicho a la gente de nuestra zona que si los japoneses se acercan, y cooperan con ellos, se opondrán a que sean cristianos. Y notará, general, que en los lugares donde hay muchos cristianos lisu, los japoneses no han logrado establecer ningún punto de apoyo. Por tanto, sí, le ayudaremos.

El general Song les explicó que quería que John actuara como asesor del coronel Hsie, quien estaría al frente de la guerrilla nacionalista china en el distrito de Oak Flat. John aceptó el cargo. Por lo que respecta a Belle, llegó la mejor noticia de la noche. El general Song les informó que había dado órdenes al coronel Hsie para que les proporcionara una escolta militar hasta Oak Flat. Belle no podía creerlo. No solo se les permitiría volver a una zona de guerra, sino que también iban a ser escoltados por los militares.

El grupo viajó hacia el sur desde Tali, en un camión militar, hasta llegar a la carretera de Birmania, y luego se dirigió hacia el oeste por la carretera de Paoshan. El viaje sufrió un retraso cuando el chófer que conducía el camión chocó contra una gran roca en la carretera, lo que hizo que el vehículo no pudiera seguir su ruta.

Tuvieron que acampar en el camino hasta que otro camión viniera de Paoshan a recogerlos.

Cuando llegaron a Paoshan, Belle se llevó una gran sorpresa. La ciudad había sido un próspero centro comercial de toda la región, siempre lleno de gente. Pero los bombardeos japoneses habían destruido gran parte de la localidad y muchos de sus residentes habían huido.

En Paoshan, John y Belle compraron harina, azúcar y otros alimentos básicos para llevar a Oak Flat, mientras el coronel Hsie conseguía caballerías para viajar por el valle del río Salween. Poco después, el coronel Hsie, John, Belle, Eva y un grupo de soldados montaron y se pusieron en camino. El viaje valle arriba fue mucho más lento de lo que estaban acostumbrados John y Belle, pero por fin, a fines de agosto, llegaron a Oak Flat.

Cuando Belle abrió emocionada la puerta de su casa, fue consciente de que habían transcurrido seis meses desde que abandonara el pueblo para ser atendida en Kunming de su dolor de muelas. ¡Cómo habían cambiado las cosas en ese tiempo! Kathryn se encontraba en un campo de internamiento japonés, John había arriesgado su vida en numerosas ocasiones y ella había cruzado hasta el norte de la provincia de Szechwan y regresado. Al cerrar la puerta, Belle se preguntó qué pasaría después.

Capítulo 16

Rumores del viento

Belle leyó en su Biblia las impresionantes palabras: «Habrá guerras y rumores de guerras». ¡Qué cierto es!, pensó. Los lisu tenían una palabra para designar los rumores: vientos. Belle vio de primera mano cuán destructivas eran esas palabras, llevadas por el viento, por nadie en particular. Incluso los cristianos lisu, que estaban contentos de volver a tener a John y Belle con ellos, después de seis meses, parecían paralizados por los rumores de guerra. Un día oyeron que algunos soldados con uniformes desconocidos habían sido avistados más allá de la aldea norteña de Cow's Hump. Muchos lisu, asumiendo que eran soldados japoneses, huyeron a las montañas, para luego descubrir que en realidad eran soldados chinos uniformados de tal guisa. Belle suspiró al ver la reacción de la gente. ¡Si saltaran así con cada rumor del viento, todos se volverían locos!

Por cuanto John estuvo mucho tiempo fuera, después de regresar a Oak Flat, asesorando al coronel

Hsie y visitando las iglesias de la periferia, Belle pensó que dependía de ella dar ejemplo de fortaleza cristiana. Decidió que las cosas en la iglesia de Oak Flat debían proceder como de costumbre. Se celebrarían las fiestas de Navidad y de Pascua y se reanudaría la Escuela bíblica estación lluviosa, aunque a partir de enero, no al inicio de la temporada de lluvias. El cambio de la fecha de inicio de la EBELL permitió a Belle embarcarse en un nuevo proyecto: una escuela bíblica para adolescentes. Escribió el plan de estudios y algunas canciones nuevas, que pensó que atraerían a los jóvenes alumnos.

Durante la EBELL, los aviones de combate japoneses comenzaron a sobrevolar los montes de Lisulandia. Los lisu, que nunca habían visto aviones, quedaron desconcertados y los describieron como mil tigres que ronroneaban y no movían las alas. Cuando Belle les dijo que en realidad iban pilotos dentro, empezaron a llamarlos casas voladoras.

El día que se inauguró la escuela bíblica para adolescentes, el 6 de marzo de 1943, se levantaron vientos en toda la comunidad: los japoneses estaban cerca, en Six Treasures, a solo un día de viaje, y habían destruido embarcaciones que transportaban viajeros a través del río Salween. Para Belle, los informes eran solo rumores y se negó a cancelar la escuela. A pesar de los rumores, setenta y seis muchachos llegaron a la escuela. A Belle le impresionó la cantidad de niños que se habían presentado, y la idea de supervisar a tantos la agotaba. Y ella sabía por qué. A los cuarenta y un años, descubrió que estaba embarazada y esperaba un bebé para el verano.

A pesar del embarazo, con la eficaz ayuda de Eva, su nueva asistenta, Belle se dedicó de todo corazón a enseñar a los muchachos. Ella sabía que podría ser su última oportunidad de recibir una sólida enseñanza cristiana. Si los japoneses seguían avanzando hacia el territorio lisu, muchos de ellos probablemente serían capturados o muertos en combate.

La escuela se impartió durante un mes y, al final, muchos de ellos comprometieron sus vidas para difundir el evangelio por toda Lisulandia, sin importar el costo. Uno de los muchachos era Chi-lee, cristiano solitario de un área remota llamada Heathen Patch. Belle se interesó especialmente por él, pues le emocionaba ver cuán seriamente estudiaba. Chi-Lee no sabía leer ni escribir al principio de la escuela, y todavía tenía largo trecho por recorrer al final de la misma. Al percibir que Chi-lee tenía un corazón sincero, Belle lo invitó a volver en agosto, cuando planeaba iniciar otra escuela para muchachos.

La primavera pasó rápidamente y Belle se alegró cuando una misionera enfermera de Tali accedió ir a vivir con ella en Oak Flat hasta que naciera el bebé. El 1 de agosto de 1943, llegó al mundo Daniel Kuhn. Tenía un suave cabello rubio y su piel era blanca como la perla. Los lisu miraban maravillados al recién nacido; nunca habían visto un niño como él. Tanto John como Belle estaban encantados, aunque ella no podía evitar preguntarse qué le depararía el futuro. Y deseaba con todo su corazón tener alguna forma de decirle a Kathryn que tenía un hermanito.

Avanzó el mes de agosto y comenzó una nueva escuela bíblica para muchachos. Pero, para sorpresa de Belle, Chi-lee no llegó. Ella estaba segura de que volvería. Entonces se enteró de la terrible verdad de lo que le había acaecido. Había vuelto a su casa, en Heathen Patch, como había planeado, al final de la primera escuela, y comenzó a predicar el evangelio. Al principio sus vecinos solo se burlaban de él. Luego le golpearon. Luego quemaron su casa y lo expulsaron a las montañas, donde Chi-lee se construyó un refugio con ramas de pino para sobrevivir. Poco después contrajo la malaria y murió a causa de esta enfermedad. Fue un golpe amargo para Belle, pero se consoló pensando que Chi-lee estaba en el cielo con Me-do-me-pa, Homay y tantos otros fieles cristianos lisu.

La tensión de vivir bajo la constante amenaza de la invasión japonesa continuó, y centenares de soldados chinos fueron desplegados en la región. Esto trajo consigo una serie de problemas, ya que se ordenó a los lisu que alimentaran y alojaran a las tropas chinas. Y debido a que los cristianos de las aldeas eran los miembros más fiables de la comunidad, esa carga recayó injustamente sobre ellos. Sin embargo, su alegría, incluso bajo presión, estimuló a Belle.

Los chinos también interrumpieron gran parte de los viajes por la región. Los lisu necesitaban ahora un permiso especial para cruzar el río Salween, por lo que el acercamiento a los diversos programas que se llevaban a cabo en Oak Flat era una tarea que tomaba mucho tiempo. Aun así, Belle siguió adelante. John estuvo ausente la mayor parte del tiempo cumpliendo su deber como asesor del coronel Hsie y supervisando el trabajo de la CIM en la provincia occidental de Yunnan. En su ausencia, Belle decidió impartir una escuela bíblica para niñas en febrero de 1944 y después, otra escuela para niños.

Dada la tensa situación en el valle del río Salween, no habían llegado suministros a Oak Flat durante meses. En consecuencia, los alumnos que asistían a las escuelas carecían de lápices y de papel. Belle oró por la situación y la respuesta a su oración cayó literalmente del cielo. Cinco soldados estadounidenses se lanzaron en paracaídas al valle del río Salween y llegaron a Oak Flat. Los soldados cumplían una misión secreta, de la cual, dijeron que nada podían revelar. No obstante, Belle les acogió y les ofreció una buena comida. Cuando se fueron de Oak Flat, los cinco estadounidenses le preguntaron si podían hacer algo por ella. Belle les preguntó si podían proporcionar material de oficina para los alumnos y, en cuestión de días, llegó a Oak Flat una entrega especial de papel, lápices, tinta y plumas.

En el otoño, Belle recibió la mejor noticia que podía recibir. ¡Kathryn estaba en los Estados Unidos! Los japoneses la repatriaron, así como a muchos niños de la CIM, a sus países de origen. Con la noticia, Belle sintió que se le quitaba un gran peso de encima y dio gracias a Dios que faltaran solo unos meses para que ella, John y el bebé Danny volvieran a casa de permiso. Para Navidad, Dios mediante, la familia Kuhn volvería a estar toda reunida.

La idea de reunirse pronto con Kathryn animó a Belle. Dado que China ahora estaba cerrada para los nuevos misioneros y para los que deseaban regresar, Belle no estaba segura de si alguna vez volvería al territorio lisu después del permiso. Usó hasta el último gramo de energía para asegurarse de enseñar y alcanzar a tantas personas como le fuera posible antes de abandonar Oak Flat.

En octubre de 1944 llegó el momento de partir. El viaje a casa con un niño de un año fue más agotador de lo que Belle había podido imaginar. La familia viajó a Kunming dejando atrás las montañas, y luego tomó un avión que los trasladó sobre el Himalaya a la India, donde se embarcaron en un navío que transportaba refugiados a los Estados Unidos. El viaje, a través del Océano Índico y luego el Pacífico, tardó treinta y seis días. A diferencia de los tranquilos viajes que Belle había hecho anteriormente hacia y desde China, este viaje fue angustioso. El barco estaba repleto de gente, el capitán prohibió que subieran a cubierta, Danny lloró de cólicos la mayor parte de la travesía y los hombres fueron separados de las mujeres y los niños. Belle solo podía ver a John dos horas al día. Cuando el barco atracó al sur de California, Belle y John estaban completamente exhaustos. Pero el ánimo de Belle revivió cuando pudo hablar con Kathryn por teléfono. Kathryn se estaba quedando con amigos en Pennsylvania, y Belle comenzó a contar los días hasta que se produjera el feliz encuentro.

Los cólicos de Danny no mejoraron mientras cruzaban en tren Estados Unidos, pero los pensamientos de Belle no se centraban en el llanto constante de su hijo, sino en volver a ver a su hija, que ya tenía trece años. Cuando Belle llegó finalmente a Pennsylvania, madre e hija se fundieron en un largo abrazo. Belle se admiró de la encantadora joven en la que se estaba convirtiendo Kathryn. Amaba a su hermanito Danny y fue de gran ayuda para entretenerle. Aun así, permanecer en casas ajenas con un niño pequeño fue agotador para Belle, quien anhelaba tener una casa propia con un patio vallado donde Danny pudiera explorar a su antojo.

Y eso es lo que consiguió. Los dos mil dólares en acciones que John y ella habían decidido no vender de la herencia del padre habían acrecentado su valor a seis mil dólares. John y Belle cobraron las acciones y usaron el dinero para comprar una casita en Dallas, ya que John cursó estudios en el Seminario Teológico de Dallas entre algunos viajes itinerantes para la CIM por los Estados Unidos.

Por supuesto, Belle, siendo quien era, tenía que hacer algo para ayudar al pueblo lisu, aunque estuviera a miles de kilómetros de distancia. Mientras Danny dormía la siesta, ella sacaba su máquina de escribir. Comenzó a escribir otro libro, que tituló *Nidos sobre el abismo*. El libro contaba relatos de muchos lisu, cristianos valientes, que había conocido. Mientras escribía, las lágrimas le corrían por las mejillas evocando recuerdos de Homay, Me-do-me-pa y Chi-lee. Belle se esforzó por plasmar en el papel la valentía espiritual de esas personas tan especiales.

El 6 de agosto de 1945, John y Belle se enteraron por la radio de que Estados Unidos había lanzado una bomba atómica sobre la ciudad japonesa de Hiroshima. Tres días después se enteraron de que se había lanzado una segunda bomba, esta vez sobre Nagasaki. Esperaron para ver cómo respondería Japón al bombardeo y sintieron alivio cuando, el 15 de agosto, Japón anunció su rendición a los Aliados. Por fin, la Segunda Guerra Mundial llegaba a su fin. Belle respiró aliviada; podría volver a Lisulandia una vez más.

Con la rendición de Japón, las cosas cambiaron rápidamente para John y Belle. China volvió a estar abierta a los misioneros, y la Misión al Interior de China pidió a sus supervisores, incluido John, que regresaran al país de inmediato, un año antes que sus familias. En enero de 1946, John se despidió de Belle y sus hijos y zarpó rumbo a China.

Belle y los niños se quedaron en Dallas durante un año después de la partida de John, ella terminó el manuscrito de *Nidos sobre el abismo* y lo entregó para su publicación. Luego llegó el momento de regresar a China. Belle vendió la casa a la primera persona que fue a verla, por más dinero del que les había costado y a continuación empacó las pertenencias de la familia.

Belle y Danny zarparon desde Houston. Primero, la familia tuvo que viajar hasta Pennsylvania, donde

Kathryn se quedaría en casa de unos amigos para terminar la escuela secundaria en Estados Unidos. Belle odiaba tener que despedirse de su hija una vez más, pero había aprendido que parte de su oficio consistía en despedirse de sus seres queridos para obtener un bien mayor.

En Pennsylvania, Belle y Danny, de tres años, tomaron el tren con destino a Houston, donde se embarcaron en el Joseph Lee, carguero viejo y decrépito, pero único barco disponible para viajar a China. Cuarenta y seis días después de zarpar de Houston, el Joseph Lee atracó en Shanghái. Belle y Danny se alegraron de salir del barco y pisar suelo chino.

John e Isobel se reencontraron en Shanghái. John describió el caótico estado de cosas en el campo: «Los puentes han sido volados, las carreteras están destruidas, las aldeas quemadas, los ladrones pululan por todas partes y la gente, en general, vive atemorizada». Debido a que las condiciones eran demasiado peligrosas para que Belle y Danny viajaran por carretera, volarían a la provincia de Yunnan mientras que John y un amigo irían en un camión cargado con sus pertenencias y suministros para el pueblo lisu.

La familia Kuhn volvió a estar reunida y segura en Tali, donde Belle se alegró de encontrar a Eva matriculada en una escuela de enfermería. Tan pronto como Eva vio a Belle, le rogó que le permitiera dejar la escuela de enfermería y regresar a los lisu con ellos. Belle estuvo tentada a ceder a la petición de Eva, ya que era muy trabajadora y buena amiga, pero se resistió. Le dijo que tenía que quedarse y terminar sus estudios. Luego podría unirse a ellos una vez más en Oak Flat.

John tenía asuntos que supervisar en la provincia de Yunnan y no podía regresar de inmediato a los lisu. No obstante, como Belle estaba deseosa por volver lo antes posible, John consiguió un guía para acompañar a Belle y Danny a Oak Flat.

Al final de la caminata, cuando Belle y su hijo se acercaban a Oak Flat, un grupo de cristianos salió corriendo a su encuentro. Condujeron a Danny el tramo final del viaje en un caballo blanco con cascabeles de plata en la brida. Belle sonrió cuando Danny saludó como un principito desde lo alto de la caballería. Sabía que él disfrutaría de su nuevo hogar.

El domingo, trescientos lisu de todo el valle acudieron a saludar a Belle y llevarle regalos. Dado que el maíz y las verduras escaseaban por causa de una larga sequía, la mayoría de la gente llevo huevos, más de cien en total.

Una vez concluida la bienvenida oficial, Belle volvió directamente al trabajo. John volvió a Oak Flat, y él y Belle dirigieron la EBELL más grande impartida hasta la fecha. Durante la escuela, Belle pudo demostrar nuevas formas de evangelizar a los niños que había aprendido estando de permiso en los Estados Unidos. La EBELL fue un gran éxito, pero tan pronto como acabó, John volvió a ponerse en camino para ocuparse de más asuntos de la CIM.

Tan pronto como John partió, Belle comenzó a sentirse más sola que nunca. Ella y Danny eran los únicos europeos en muchos kilómetros a la redonda, y Danny contrajo fiebre tifoidea. La mayoría de las veces la enfermedad era mortal. Belle oró fervientemente que no arrebatara la vida a su hijito. Noche tras noche, sentada con Danny, le refrescaba la frente con agua fría y humedecía sus labios secos con ungüento. Belle no tuvo tiempo de pedir ayuda. Lo único que podía hacer era pedir que Danny tuviera fuerzas para luchar contra la enfermedad. Y así fue.

Lentamente, durante muchos días, la condición de Danny comenzó a mejorar.

Danny no se había recuperado aun completamente cuando Belle tuvo que gestionar otra crisis por su cuenta. Mientras los Kuhn habían estado de permiso, algunos miembros de la iglesia habían optado por ocupar posiciones de poder en el pueblo, aunque ello significara dejar de lado principios cristianos. Uno de los que hizo esto fue un hombre llamado Keh-deh-seh-pa, quien había decidido que su hijo merecía ser maestro en la nueva escuela cristiana que se había establecido, aunque nadie pensara que su hijo era apto para tal labor. El misionero residente tenía que aprobar el nombramiento y Belle se negó a hacerlo.

En lugar de acatar la decisión de Belle y los ancianos de la iglesia, Keh-deh-seh-pa usó la fuerza y la astucia para tratar de salirse con la suya. Primero trató de asustar a Belle para que recomendara a su hijo para el puesto. Una noche, Belle oyó hombres debajo de su ventana comunicándose entre sí usando cantos de pájaros. Se le erizó el pelo en la nuca cuando se deslizó en la cama con Danny. Lo abrazó y pidió a Dios que los hombres no entraran y les hiciesen daño. La noche pasó sin sufrir ningún daño. Al día siguiente, Keh-deh-seh-pa probó una nueva táctica. Habló con el magistrado local para detener a dos prisioneros justo en la cocina de Belle. Los prisioneros fueron atados a las jambas[1] de las puertas y le fue dicho que si desaparecían de su cocina, sería acusada de interferir con el curso de la justicia.

«¡Justicia!», resopló Belle enojada. ¿Cómo un hombre que había sido cristiano podía rebajarse a hacer tales cosas para conseguir un trabajo de maestro para

1 Jambas: Cada una de las dos piezas que, dispuestas verticalmente en los dos lados de una puerta o ventana, sostienen el dintel o el arco de ella.

su hijo? Aun así, resolvió que no era prudente tocar a los prisioneros, quienes permanecieron atados en su cocina varios días hasta que John volvió, los liberó y se encargó de la situación.

Belle se sintió aliviada cuando volvió a tener su cabaña para sí, pero, en el fondo, notó que los vientos de cambio soplaban en el valle del río Salween. El caos en China después de la derrota de los japoneses se convirtió en una guerra civil entre los nacionalistas chinos y los comunistas. A medida que pasaba el tiempo y llegaban a Oak Flat fragmentos de noticias, parecía que los comunistas iban ganando terreno y cada vez controlaban más la campiña china. Poco a poco empezaron a llegar noticias de que los comunistas estaban operando en los montes y los valles al oeste de Yunnan.

Algunos informes no eran más que rumores en el viento, pero otros eran reales. Parecía que los comunistas tenían una estrategia para apoderarse de los pueblos. Primero dejarían que bandas de matones aterrorizaran aldeas, mataran gente y robaran sus pertenencias. Su brutalidad escandalizaría tanto a la población local que cuando los soldados comunistas llegaran a liberar al pueblo de las bandas de matones, los aldeanos estarían tan agradecidos que se mostrarían leales a los comunistas. Incluso varios cristianos habían caído en la trampa, para disgusto de Belle. Y ahora los comunistas comenzaban a usar esta táctica a lo largo del valle del río Salween.

Justo antes de la Navidad de 1948, Belle tuvo que ponerse de acuerdo con los varones cristianos del pueblo. Ya no era seguro para ella y Danny quedarse solos en Oak Flat. Los hombres le dijeron que estaría más segura en el lado occidental del valle, en Villa de los Olivos. Lucio, un anciano de la iglesia, construyó una casa para Belle, justo al lado de la suya, en el camino que conducía al centro de la población.

Belle sintió alivio después de la mudanza, cuando se enteró de que en Nochebuena una banda de matones había ido a buscarla a Oak Flat. Como no la encontraron, se dirigieron a la aldea cercana de Place-of-Action. En la oscuridad de la noche arrojaron granadas de mano sobre los aldeanos dormidos, matando a trece hombres e hiriendo a muchos más.

Después de este incidente, muchas personas comenzaron a instar a Belle a abandonar el valle del río Salween antes de que estallara más violencia. Belle sabía muy bien que los misioneros de la CIM estaban siendo perseguidos en toda China, y algunos, incluso asesinados por los comunistas. De hecho, a Belle le parecía que era solo cuestión de tiempo que los comunistas se hicieran finalmente con el control de toda China. Pero hasta ese momento, ella quería usar cada minuto disponible para alcanzar a la mayor cantidad posible de nativos con el evangelio.

Capítulo 17

Escalar o morir

Belle descubrió pronto que una de las ventajas de estar ubicada en la Villa de los Olivos era estar más cerca de muchos lisu que nunca habían oído el evangelio, por lo que se mantuvo ocupada evangelizando entre ellos.

Las tropas comunistas se volvieron más activas en las montañas de la provincia de Yunnan. En una ocasión, un grupo de soldados comunistas se instaló en el pueblo, y exigió que los lugareños les alimentaran y trabajaran para ellos. Afortunadamente, los soldados no acosaron a Belle, quien, junto con el resto del pueblo, suspiró aliviada cuando ellos se fueron.

A Belle le encantaba que John estuviera en casa, pero, en tiempos tan difíciles, él a menudo se ausentaba para ocuparse de los asuntos de la CIM y tratar de animar a los misioneros asediados en toda la provincia de Yunnan. En uno de sus viajes, John quedó atrapado durante dos meses en Paoshan, cuando la ciudad fue sitiada por las fuerzas comunistas.

Cuando regresó a la Villa de los Olivos, trajo noticias sombrías. Los comunistas tenían ahora férreo control del norte de China y avanzaban hacia el sur. Pasado no mucho tiempo se filtró la noticia en las montañas de que el gobernador de la provincia de Yunnan había cedido el control de la provincia a los comunistas. Luego, el 1 de octubre de 1949, el líder comunista Mao Zedong proclamó el establecimiento de la República Popular China, y el líder nacionalista Chiang Kai-shek y casi dos millones de personas huyeron a la isla de Formosa, dejando la China continental en manos de los comunistas.

A primeros de enero de 1950, John regresó a la Villa de los Olivos y, para deleite de Belle, trajo consigo a Eva, que había terminado de formarse como enfermera. De hecho, Eva resultó ser una enfermera excelente y su reputación se extendió rápidamente por toda la región.

John y Belle hablaron de la situación en el país, y él admitió que había llegado el momento de que Belle y Danny salieran de China. Dada la situación, a Belle y Danny les sería imposible llegar por tierra a la costa y tomar un barco hasta América del Norte. En vez de ello, tendrían que cruzar las montañas hasta Birmania y proseguir viaje desde allí. John no iría con ellos, porque sentía que necesitaba permanecer en China para animar a los cristianos nativos en tiempos tan difíciles. Belle se lo había esperado, pero no fue fácil aceptarlo. Entonces él dijo algo que cautivó su atención.

—Antes de irte, ¡organicemos la mejor y más grande escuela bíblica de todas! Cuando nos vayamos, el futuro de la iglesia en este valle dependerá de los cristianos lisu, de modo que preparémoslos ofreciéndoles la mejor enseñanza posible.

John y Belle pusieron manos a la obra y organizaron rápidamente la escuela. Y resultó, de hecho, la mejor y más grande EBELL que habían impartido a los lisu. Luego, el 10 de marzo de 1950, llegó el momento de partir para Belle y Danny. Caminando por el sendero, Belle miró por última vez el pueblo y las personas que amaba. En su corazón sabía que nunca los volvería a ver. John se paró en un afloramiento rocoso y saludó. Belle se preguntó cuándo volvería a ver a su esposo.

John había dispuesto que un grupo de varones fieles guiaran a su esposa e hijo de seis años a un lugar seguro al otro lado de las montañas. Sería un viaje largo y traicionero en esa época del año. La nieve en el puerto de Pien-Ma, a 3.350 metros de altitud, era profunda. Avanzaron lentamente. Belle sabía que al guiarles a través de las montañas, los guías lisu arriesgaban sus propias vidas para llevar a una misionera a un lugar seguro. Estaba agradecida por su compromiso con ella y con Danny.

El viaje fue tan difícil como había esperado Belle, pero, finalmente, lograron franquear el puerto nevado y entrar en Birmania. Una vez en Birmania, se enfrentaron a una caminata de diez días a través de la jungla, permaneciendo juntos para disuadir los ataques de los tigres, hasta la ciudad birmana de Myitkyina. En Myitkyina, Belle se despidió de sus guías lisu y, por fin, ella y Danny llegaron a Rangún. Por supuesto, huir de China de la manera en que lo habían hecho significaba que sus visados y papeles no estaban en regla, y no tenían dinero. Experimentaron retrasos mientras se solucionaban las cosas, pero finalmente Belle y Danny pudieron volar de Rangún a Hong Kong, donde consiguieron un pasaje en un barco que se dirigía a América del Norte. Habían pasado casi tres meses desde que Belle y Danny partieran de la Villa de los Olivos hasta que el barco atracó en el puerto de Vancouver. Una Belle exhausta, cobró ánimos cuando fue recibida por su hermano, los niños Whipple y varias mujeres que habían sido parte del *Girls' Corner Club* donde Belle trabajara tantos años antes.

Belle durmió un par de días enteros después de llegar a Vancouver. Luego emprendió la siguiente etapa del viaje, con un solo objetivo en mente: reunirse con su hija. Kathryn ya era una joven de diecinueve años que estudiaba en el Wheaton College, en las afueras de Chicago, y Belle llegó justo cuando Kathryn acababa de terminar sus exámenes finales. ¡Qué maravilloso encuentro tuvieron los tres!

Belle se llevó una sorpresa cuando se enteró de que muchos viejos amigos también residían en el área de Wheaton. Cuando estudiaba en el Instituto Bíblico Moody, a mediados de la década de 1920, Belle tenía dos amigas que vivían cerca de allí, Jenny Kingston y Ella Dieken. Ambas habían sentido el llamado misionero a China, también se habían casado con misioneros y servido en China. Pero sus maridos ya habían muerto, el de Jenny de fiebre tifoidea contraída en China, y el de Ella estando de permiso. Esto hizo que Belle orara fervientemente por la seguridad de John, dondequiera que estuviese.

Después de pasar tiempo juntas y renovar su amistad, las tres amigas decidieron juntar dinero y comprar una casa grande en Wheaton. La casa tenía tres pisos, y cada mujer se instaló en uno. Belle, Danny y Kathryn ocuparon el segundo piso, donde Belle tuvo espacio para montar una pequeña oficina. Belle amaba la vida pacífica y elegante del Medio Oeste de los Estados Unidos, y lentamente, comenzó a relajarse de la tensión que había tenido que soportar durante los últimos años en China.

Pero poco después Belle empezó a pensar en maneras de ayudar a los lisu. Le dolía el corazón ante la probabilidad de no volver a verlos nunca, pero quería encontrar maneras de ayudarlos. Al cabo de poco tecleó su máquina de escribir cuando empezó a trabajar en otro libro. *Piedras de fuego*, como se titularía el libro, relata el tiempo que convivió con los lisu. Afortunadamente, antes de que las cosas se descontrolaran en China, Belle había enviado a casa su colección de cartas y diarios de oración, de los cuales extrajo material para su nueva obra. El libro, junto con los dos anteriores, *Cosas preciosas de las colinas perdurables* y *Nidos sobre el abismo*, le abrieron la puerta como oradora. Dondequiera que hablaba, Belle aprovechaba la oportunidad para compartir su carga por el pueblo lisu.

Belle llevaba en casa más de dos meses cuando llegó una carta de John. En ella contaba que se le había ordenado salir de China, lo que implicaba hacer un largo viaje hacia la costa, y luego hasta Hong Kong. Pero estaba a salvo. Belle tuvo que secarse las lágrimas antes de seguir leyendo. John decía que no regresaría a los Estados Unidos por un tiempo. Había accedido a hacer una encuesta para la CIM de los pueblos tribales del norte de Tailandia, y después asistiría a una conferencia de planificación en Inglaterra. Dado que todos los misioneros extranjeros habían sido expulsados de China, la Misión al Interior de China tenía que repensar y planificar muchas cosas.

Belle no se llevó una gran sorpresa cuando en la siguiente carta John comentaba entusiasmado las posibilidades de trabajar en Tailandia. En parte, la carta decía:

«Además Belle, podemos usar el idioma chino para alcanzar a casi todas las tribus de Tailandia. Siempre encontraba a alguien que me entendía. Y Orville Carlson y yo pudimos guiar algunas almas al Señor en el poco tiempo que estuve allí. El gobierno es amistoso. Las tribus son accesibles. El campo está delante de nosotros. El tiempo puede ser corto».

Después de leer la carta, Belle se dejó desplomar en el sofá y dejó escapar un suspiro de cansancio. Tenía cincuenta años; seguramente John podía darse cuenta de que eran demasiado mayores para un nuevo destino. Belle enumeró algunos obstáculos que se interponían en su camino: aprender un nuevo idioma, comprender una cultura diferente y, lo peor de todo, dejar atrás a Kathryn y Danny. Pronto escribió una carta a su esposo, diciéndole: «Por favor, no te ofrezcas para nuevos campos hasta que llegues a casa y podamos tratarlo juntos».

John llegó a casa seis meses después, cargado de noticias sobre los cambios experimentados en la CIM. Por un lado, la organización había cambiado de nombre, Overseas Missionary Fellowship, OMF para abreviar. El cambio de nombre reflejaba el hecho de que a partir de entonces los misioneros trabajarían en otras regiones de Asia, ya que China se había aislado tras una «cortina de bambú» comunista. John explicó a Belle que se habían fijado nuevas metas para alcanzar a los pueblos nativos y a los chinos de Malaya (Malasia), Birmania y Tailandia, tres países limítrofes con China. En la conferencia de Inglaterra, se propuso el nombre de John como nuevo supervisor de la OMF en Tailandia.

Belle no pudo dejar de notar cómo le brillaban los ojos a John mientras hablaba de las nuevas oportunidades. Acabó pensando en una cita que había leído recientemente en un libro de Amy Carmichael. En ella, Amy comparaba el viaje cristiano con una caminata por la ladera de una colina, algo con lo que Belle podía identificarse fácilmente. Amy también decía que hay momentos en los que hay que seguir escalando, porque si uno se queda en el mismo sitio, se muere.

«Escalar o morir». Belle no podía sacarse las palabras de la cabeza. En lo muy profundo sabía que tenía que asumir este nuevo reto misionero o su vida espiritual se marchitaría. Compartió su idea con John y juntos comenzaron a hacer planes para volver a Asia como misioneros.

Debido a que la antigua escuela de la CIM en Chefoo se había disuelto, John y Belle no tuvieron más opción que dejar a Danny con unos amigos en Portland, Oregón, para que fuera a la escuela. Kathryn también se mudó allí para comenzar una formación avanzada en la Escuela Bíblica Multnomah. Cuando los dos hijos estuvieron alojados, John y Belle partieron hacia Tailandia.

El 8 de octubre de 1952, la pareja viajaba en tren hacia el norte de Bangkok, Tailandia, en dirección a la región montañosa que se extiende a lo largo de la frontera tailandesa con China y Birmania. A Belle le llamó la atención lo verde y fértil que era el paisaje y la cantidad de ríos y arroyos serpenteantes que sorteaban por la ruta. ¡Qué diferente era este paisaje de las escarpadas montañas del oeste de China, con sus profundos cañones y ríos embravecidos!

La vía férrea llegó hasta la ciudad de Chiang-mai, donde John y Belle instalaron la nueva sede de la OMF. Belle pronto cayó en la cuenta de que la hospitalidad ocupaba la mayor parte de su tiempo. Se encargó de una casa de huéspedes de ocho habitaciones para los misioneros de la OMF que trabajaban con los pueblos tribales del norte de Tailandia. Entre ellos había en torno a cinco mil lisu, y Belle preguntaba a los visitantes de la casa de huéspedes por el pueblo que amaba.

Una vez que las cosas funcionaron bien en la casa de huéspedes, Belle comenzó a sentir el anhelo de volver al trabajo misionero pionero. Otros seis grupos misioneros trabajaban en la región montañosa, pero ninguno de ellos estaba involucrado con las aldeas lisu. Cuando Belle se enteró de esto, su corazón se aceleró y comenzó a orar acerca de la posibilidad de visitar ella misma las aldeas.

La oportunidad de Belle de acercarse más a los lisu se le presentó cuando llegó una pareja para hacerse cargo de la casa de huéspedes de la OMF. Sin responsabilidades de hospitalidad, Belle acompañó a John en sus viajes a las montañas. En uno de esos viajes tuvo su primer contacto con un pueblo lisu. Los lisu de Tailandia hablaban un dialecto ligeramente distinto a los de China, pero Belle aún podía hacerse entender. Los lisu, por supuesto, se sorprendieron al encontrarse con una mujer blanca que hablaba su idioma.

Belle y otra joven misionera, Edna McLaren, decidieron hacer otro viaje a la aldea lisu de Ta-Mgo. Como los lisu del norte de Tailandia nunca habían oído el evangelio, las dos misioneras se dispusieron a compartirlo con cualquiera que estuviera dispuesto a escuchar. Belle tuvo que admitir que no fue tarea fácil al principio. Los lisu escuchaban lo que ella tenía que decirles, pero no estaban dispuestos a comprometerse. Finalmente, un anciano anunció que quería ser cristiano. Debido a que el apellido de ese hombre sonaba como la palabra Wood en inglés, Belle decidió llamarle padre Wood.

El padre Wood y su esposa, Wu-be, eran adictos al opio. Además, el padre Wood estaba lisiado por la artritis y su esposa sufría de beriberi (falta de vitamina B1). Sin embargo, su conversión fue genuina. Para gran conmoción y sorpresa de los lisu, que seguían aferrados a la creencia de apaciguar a los demonios, el padre Wood sacó el altar de su casa, dedicado a los demonios, y lo quemó. Lo más probable, razonó Belle, era que los lisu esperaran que los demonios descendieran sobre el padre Wood y lo destruyeran por su acción. Como eso no sucedió, comenzaron a tomar nota y abrirse a esta nueva religión. Prestaron especial atención cuando Belle y Edna comenzaron a administrar al padre Wood algunos medicamentos para aliviar el dolor y los síntomas de su artritis, de modo que pudo levantarse y caminar una vez más.

Siempre que podía, Belle viajaba a las aldeas lisu del norte de Tailandia. Fue feliz cuando otros misioneros más jóvenes se mudaron a esa zona para continuar llevando a cabo la obra de evangelización.

Belle se entristeció cuando se enteró, un año después, que el padre Wood había muerto repentinamente. Su hijo le dijo que se había despertado una mañana con intenso dolor y dijo a su esposa: «Hoy me voy a casa con Dios». Poco después, murió. Desafortunadamente, después de la muerte del padre Wood, se desató la persecución contra su familia. El mandamás de la aldea prohibió que nadie les ayudara con el entierro, por temor a las represalias de los demonios, y la esposa y los hijos del hombre tuvieron que cavar su tumba, enterrarlo y llorarle solos. Poco después, la familia fue expulsada del pueblo. Pero Wu-be se mantuvo firme en su fe, y gracias al esfuerzo de Gospel Recordings, que había grabado la recia voz del padre Wood compartiendo sobre Jesús y el evangelio, los lisu siguieron escuchando sus mensajes por los montes del norte de Tailandia.

Capítulo 18

«No hay tristeza en nuestro corazón»

Cuando murió el padre Wood, Belle no lo sabía, pero ella misma estaba enferma de cáncer de mama. Notó los primeros síntomas en 1953, pero un médico no confirmó el diagnóstico hasta octubre de 1954. Belle respiró hondo cuando le dieron la noticia. A los cincuenta y tres años, tenía un último viaje que hacer con Dios, y éste iba a ser el más difícil de su vida.

Había un excelente cirujano en Chiangmai. Le practicó una cirugía a Belle, después de lo cual, regresó a Estados Unidos para recibir un tratamiento de radioterapia. Belle instó a John a quedarse en Tailandia y seguir con su trabajo mientras esperaban para saber si el tratamiento la ayudaría, o si él tenía que volver a casa para estar a su lado.

El tratamiento se llevó a cabo en un hospital de Filadelfia. Tuvo éxito hasta cierto punto, pero los médicos dijeron a Belle que el cáncer eventualmente se extendería por todo su cuerpo y pondría fin a su vida. Sin embargo, nadie podía predecir cuánto tiempo duraría.

Tan pronto como Belle se sintió mejor, volvió a su apartamento del segundo piso en Wheaton, Illinois. Danny, que ya tenía once años, estuvo con ella y comenzó a asistir a una escuela cercana. Kathryn, después de graduarse en la Escuela Bíblica de Multnomah, también fue a vivir con ella.

Como siempre, Belle buscó formas de servir al pueblo lisu y se convenció de que debían escribirse más libros acerca de ellos. Sacó su colección de cartas de oración, su diario y su máquina de escribir y se puso a trabajar. Las palabras fluían, y Belle compuso pronto *Ascenso a las tribus*, sobre el trabajo de la OMF en el norte de Tailandia; *Hoja verde en la sequía*, historia de los dos últimos misioneros que salieron de China; *Buscando y en el ruedo*, una colección de relatos de su propia vida.

Belle también continuó escribiendo cartas de oración que eran ampliamente distribuidas. Fue difícil para ella comunicar a sus lectores que tenía cáncer, pero sabía que tenía que hacerlo. En una de las cartas, escribió: «John y yo deseamos que esta noticia no les entristezca. No hay tristeza en nuestro corazón; no hay melancolía en Su corazón mientras me cuida, ¿por qué debería haberla en el suyo? Busquen Su dirección cuando oren por mí; eso es todo».

En febrero de 1955, Kathryn Kuhn fue aceptada como misionera de la OMF. Belle se preparó cuando oyó la noticia de que iban a enviar a Kathryn al norte de Tailandia. Sabía que si pedía a su hija que pospusiera su viaje, lo haría. Pero luego recordó a su propia madre y cómo había tratado de evitar que siguiera el llamado de Dios al campo misionero. No, se dijo Belle. Aunque me esté muriendo, no me interpondré en el camino de Dios. Mi hija ha sido llamada a servir y la dejaré ir.

No obstante, hubo derramamiento de lágrimas a medida que se acercaba el momento de la partida de Kathryn, lágrimas de tristeza porque Belle sabía que nunca volvería a ver a su hija en la tierra y lágrimas de alegría porque su hija obedecía el llamado de predicar a los lisu y a otras tribus necesitadas.

Una vez que Kathryn llegó a Tailandia, hubo intercambio de correspondencia entre madre e hija. Belle se alegró mucho cuando supo que su hija se había comprometido con el también misionero Don Rulison. Belle conocía bien al joven y confiaba en que un día sería un esposo maravilloso para Kathryn y un buen padre.

En julio de 1955, la OMF envió a John a casa desde Tailandia para que estuviera con Belle. Poco después de su llegada a Wheaton, llegó una carta de Oak Flat. Era de Lucius. Decía: «Todos los evangelistas están a salvo y la EBELL ha comenzado con casi ochenta alumnos». Continuaba diciendo que visitaba más de treinta pueblos al año, donde había un total de 270 familias cristianas. También decía que desde que los comunistas se habían apoderado de China, habían tenido lugar más de setecientos bautismos de naturales lisu.

El corazón de Belle remontó con la noticia y, por un momento, sintió que estaba de vuelta en Lisulandia. Podía verse a sí misma apresurándose por estrechos y empinados senderos de montaña, yendo de aldea en aldea para compartir el evangelio con los lisu que nunca lo habían oído, enseñando y haciendo discípulos de los que ya eran cristianos. Había soportado muchas dificultades en el transcurso de esta empresa, pero la lectura de la carta de Lucius hacía que todo valiera la pena. El trabajo que ella y su esposo habían hecho estaba dando sus frutos. A pesar de estar bajo el control de los comunistas, que despreciaban el cristianismo y perseguían a los cristianos, la iglesia lisu seguía floreciendo.

El año siguiente, Belle pasó cada vez más tiempo en la cama. Recibió muchos visitantes, así como cartas de lectores que habían leído sus libros y sido inspirados por ellos, todo lo cual animó a Belle. En una tarjeta, en su mesita de noche, un versículo rezaba: «Yo soy Dios, y no hay otro Dios, y nada hay semejante a mí, que anuncio lo por venir desde el principio» (Isaías 46:9–10).

El 20 de marzo de 1957 llegó el final para Isobel Kuhn. A la edad de cincuenta y cinco años, Belle murió tranquilamente estando John junto a ella.

Dos días después, se celebró el funeral de Belle en el College Church of Christ, Wheaton, Illinois, y fue enterrada en la ciudad.

Entre las cartas y notas de Belle donadas a los archivos del Wheaton College estaba el poema que su abuela había escrito en su libro de autógrafos hacía muchos años:

Una vida noble no es fulgor
De repentina gloria conquistado,
Sino una suma de días
De buen obrar acumulados.

Cuando leyó esas palabras siendo adolescente, a Belle no se le ocurría nada más aburrido que sumar días de buen obrar. Pero resultó que su vida no fue en absoluto aburrida. Había acumulado una vida rebosante de aventuras y desafíos.

Bibliografía

Canfield, Carolyn. *One Vision Only: Biography of Isobel Kuhn*. Chicago: Moody Press, 1959.

Dick, Lois Hoadley. *Isobel Kuhn*. Minneapolis: Bethany House Publishers, 1987.

Kuhn, Isobel. *Ascent to the Tribes: Pioneering in North Thailand*. Littleton: OMF Books, 1956.

— *By Searching: My Journey Through Doubt into Faith*. Chicago: Moody Press, 1959.

— *In the Arena*. China Inland Mission, 1959.

— *Nests Above the Abyss*. Philadelphia: China Inland Mission, 1947.

— *Second-Mile People*. Littleton: OMF Books, 1982.

— *Stones of Fire*. Chicago: Moody Press, 1960.

Reason, Joyce. *Searcher for God: The Story of Isobel Kuhn*. London: Lutterworth Press, 1963.

Repp, Gloria. *Nothing Daunted: The Story of Isobel Kuhn*. Greenville: Bob Jones University Press, 1994.

Acerca de los autores

Janet y Geoff Benge forman un equipo de autores con una experiencia de más de quince años. Janet fue maestra de escuela primaria. Geoff es licenciado en Historia. Ambos son naturales de Nueva Zelanda y prestaron diez años de servicio a Juventud con una Misión. Tienen dos hijas, Laura y Shannon, y un hijo adoptivo, Lito. Residen cerca de Orlando, Florida.